KB134312

태 도 가   이 끄 는   성 공

리 J. 콜란 지음 / 송경근 옮김
HANEON.COM

태도가 이끄는 성공

펴 냄	2006년 9월 1일 1판 1쇄 박음 / 2006년 9월 3일 1판 1쇄 펴냄
지은이	리 J. 콜란
옮긴이	송경근
펴낸이	김철종
펴낸곳	(주)한언
	등록번호 제1-128호 / 등록일자 1983. 9. 30
주 소	서울시 마포구 신수동 63-14 구 프라자 6층(우 121-854)
	TEL. 02-701-6616(대) / FAX. 02-701-4449
책임편집	최선혜 sunhae@haneon.com
디자인	최지안 jachoi@haneon.com
홈페이지	www.haneon.com
이메일	haneon@haneon.com

이 책의 무단전재 및 복제를 금합니다.

잘못 만들어진 책은 구입하신 서점에서 바꾸어 드립니다.

ISBN 89-5596-344-0 03320

89-5596-346-7 03320 (세트)

태 도 가   이 끄 는   성 공

ORCHESTRATING ATTITUDE

당신의 태도는
당신의 과거를 반영하고,
당신의 현재를 설명하고,
당신의 미래를 예견한다.

ORCHESTRATE

동사) 편성하다, 조율하다
구성요소들을 배열하거나 통제하여, 바람
직한 전체적인 결과를 달성한다.

CONTENTS

"사람에게서 모든 것을 다 빼앗을 수 있을지 모르지만 한 가지만은 결코 빼앗을 수 없다. 그것은 바로 인간 자유의 최후의 보루로, 주어진 어떤 환경에서도 자신의 태도를 선택할 수 있는 자유, 자신만의 길을 선택할 수 있는 자유다."

빅터 프랭클Victor E. Frankl, 홀로코스트의 생존자이자 심리학자

당신에게 주어진 최고의 특권,
태도를 선택하라

당신은 성공을 어떻게 측정하는가? 경제적인 안정을 이루었을 때 성공이라고 말하는가? 아니면 사회적인 경력의 성공, 지역사회의 명성, 넓고 다양한 인간관계, 정신적인 만족감, 후세에 남길 수 있는 유산 등이 성공의 요소일까? 당신이 성공을 무엇이라고 정의하든, 그 성공을 얻는 데 가장 중요한 단 한 가지 요소를 꼽으라면 단연 '삶에 대한 태도'라고 자신 있게 말할 수 있다.

  그렇다면 '삶에 대한 태도'는 과연 무엇일까? 이런 이야기는 실체가 분명치 않은 개념적인 이야기가 될 수 있기 때문에 혼동을 느낄 수도 있을 것이다. 그러나 우리는 살면서 삶에 대한 태도와 관계된 이야기를 자주 듣는다. 예를 들어 '고개를 똑바로 들고 자신감 있게 살자', '사물의 긍정적인 면을 보자', '승자의 태도를 갖자'와 같은 말들 말이다. 그러나 안타깝게도 우리는 말로는 쉽게 들리는 이런 경구를 눈에 보이는 직접적인 행동으로 옮기는 일에 대해서는 능숙하지 않다.

  이 책은 이와 같이 개념적이고 막연한 태도에 관한 경구를 실제 행동 가능한 것으로 전환시킬 수 있도록 도와줄 것이다. 또한 당신에게 영감과 응용력을 제공함으로써 당신의 삶을 향한 태도를 조율하고 나아가 당신이 원하는 성공까지도 조화롭게 조율할 수 있도록 도와줄 것이다.

  우리는 살면서 수많은 난관과 고비를 겪는다. 매번 힘들고 막막한 상황이지만 한 가지 희망적인 소식은, 그럼에도 항상 솟아날 구멍은 어딘가에 있다는 것이다. 인간의 상상력을 뛰어넘는 자연재해, 비정한 전쟁, 잔인한 폭력, 혹은 그 어떤 불행의 손아귀에 붙잡혀 있다 해도 **당신이 항상 통제할 수 있는 것은 당신의 태도다!** 어떤 상황에 있더라도 당신의 태도는 당신 마음대로 조정할 수 있기 때문이다.

당신이 삶에 대한 태도를 확실하게 통제하면, 그 결과 당신의 몸도 그 태도에 반응하고 성공적으로 일을 수행한다. 마음 가는 곳에 몸도 따라오는 것이다. 예를 들어, 불쾌한 말을 들었을 때 얼굴을 붉히는 것은 마음속에서 일어나는 부정적인 생각 때문에 신체가 부정적인 반응을 일으키는 것이다. 이렇게 마음이 가는 대로 우리의 몸이 반응한다면, 무슨 일이든 최적의 상태로 반응하고 대처하기 위해서 우리 마음과 태도를 최적의 방향으로 움직이면 되지 않겠는가?

실제 긍정적인 삶의 태도를 가지면 신체의 건강을 해치는 부정적인 요소와 우울증까지 완화된다고 한다. 정신과 몸은 결코 따로 떨어진 관계가 아닌 유기적인 관계란 것이 과학적으로도 증명된 것이다. 전문가들이 30여년에 걸쳐 839명의 환자를 조사한 결과, 긍정적이고 낙관적인 태도를 가진 사람은 조기 사망의 가능성이 현저히 낮았다고 한다. 특히 어렸을 적부터 낙관적인 태도를 가지면 늙어서도 건강하게 오래 살 수 있는 확률이 월등히 높았다.

이밖에도 긍정적인 삶의 태도가 긍정적인 결과를 가져다 준다는 여러 가지 획기적인 연구결과는 우리에게 '삶의 태도'에 대해 다시 한 번 생각할 수 있는 기회를 준다. 심지어 어떤 연구결과에 따르면 피 실험자 중 긍정적인 삶의 태도를 가진 사람들은 그렇지 않은 사람들보다 평균 연령이 10년이나 더 길었다고 한다. 흡연이 남자의 평균수명을 5.5년 감소시키고, 여자의 경우 7년을 감소시킨다는 사실에 비추어 보면, 건강상의 위험요소를 줄이고 활기차게 살기 위해서라도 긍정적인 태도에 관심을 갖는 것은 충분히 가치 있는 일일 것이다.

삶의 태도를 선택하는 것, 그것은 그 누구도 간섭할 수 없는 당신의 고유 권한이며 특권이다. 주변 상황이 좋지 않더라도, 그 상황을 받아들이고 해결책을 찾아내는 것은 당신 태도에 달렸다.

당신에게 주어진 최고의 특권을 절대 그냥 낭비하지 말

라! 이 책을 읽고 당신 자신은 물론 다른 사람에게서 최선의 역량을 얻어낼 수 있도록 태도를 선택하라.

태 도 란 무 엇 인 가 ?

… 인 간 이 라 는 컴 퓨 터 의 프 로 그 램

당신 자신의 태도를 지휘하는 사람은 바로 당신이다. 어느 누구도 당신을 위해 당신 생각이라는 악보를 작곡해줄 수 없다.

태도란 무엇인가?

… 인간이라는 컴퓨터의 프로그램

태도 :

개념일 뿐인가 아니면 실제적인 것인가?

우리는 살면서 "저 사람은 아주 멋진 태도를 갖고 있어" 또는 "저 여자의 태도 때문에 우리 팀에 문제가 있는 거야" 와 같은 말을 하는 경우가 종종 있다. 도대체 어떤 근거 때문에 이런 말을 하게 되는지 생각해본 적이 있는가? 그 사람의 태도가 훌륭한지 아니면 별 볼일 없는 것인지 어떻게 판단할 수 있을까? 사실 '태도'라는 단어를 사용하거나 들을 때, 우리는 우리의 기분을 행복하게 하거나, 슬프게 하거나, 또는 만족시키거나, 실망시키는 뭔가 복잡하고 알쏭달쏭한 개념을 떠올리게 된다.

태도는 어떻게 만들어지는가?

하나의 개념을 두고 이를 측정하고 다루는 것은 결코 쉽지 않다. '태도'라는 개념도 마찬가지다. 그러나 상대적으로 행동을 측정하고 다루는 일은 다소 수월하다. '행동'은 바깥으로 드러나고 눈으로 보이기 때문이다. 그래서 나는 여기서 태도라는 단어의 정의를 이렇게 내리고 싶다. '**태도란 상대적으로 안정적이고 지속적으로 행동하는 방법**'이다. 이 정의와 앞으로 소개할 내용들은 당신이 '태도'라는 단어의 개념을 쉽게 이해할 수 있도록 고안된 것이다. 만약 우리가 '태도'라는 개념을 확실히 이해하고 구체적인 행동으로 변환시킬 수만 있다면, 우리는 우리의 태도를 더 쉽게 측정하고 다룰 수 있을 것이다.

일단 태도가 어떻게 형성되는지부터 생각해보도록 하자. 우리의 삶의 태도는 반복적으로 이뤄지는 생각, 말, 행동이 계속되면서 결과적으로 안정적이고 지속적인 습관으로 정착될 때 비로소 만들어지는 것이다. 사실 태도는 우리가 쓰는 말과 선택한 행동을 통해 드러난다고 생각하기 쉽지만, 가장 근본적으로는 어떤 생각을 하는가에 따라 태도가 달라진다.

인간의 마음은 정교한 컴퓨터와 같다. 마음은 우리의 두뇌가 프로그램 한 대로 움직인다. 그러나 지구에서 가장 성능 좋은 컴퓨터일지라도 잘못된 소프트웨어나 데이터가 프로그램 되면 자신의 성능을 충분히 발휘하지 못한다. 아무리 최첨단 시대라 하더라도 바이러스에 감염되면 컴퓨터가 제대로 작동하지 못하듯이, 인간의 마음 역시 잘못된 데이터가 입력되면 본래의 능력 대로 작동하지 못한다. 한 마디로 당신이 당신의 두뇌에 잘못된 데이터를 집어넣는다면, 당신 행동의 효과나 성과는 낮아질 수밖에 없는 것이다.

삶의 태도는 세상을 향해 던지는 부메랑과도 같다. 당신이 무엇을 던지든 그것은 반드시 당신 자신에게로 되돌아온다. 세상을 향해 열정을 표현해보라. 그러면 반드시 열정적인 응답을 받게 될 것이다. 상대에게 미소를 지어라. 그러면 상대도 당신에게 미소로 답을 할 것이다. 쓸데없는 소문을 퍼뜨리고 다니기 좋아하는가? 그렇다면 머잖아 당신이 그 소문의 주인공이 될 것이다. 직장에서도 팀원들의 모습이 실망스럽다면 머잖아 당신은 팀의 실망스런 성과를 보게 될 것이다. 어려움에 처한 동료가 있다면 기꺼이 도와주라. 당신이 어려울 때 분명 누군가가 당신에게 손을 내밀 것이다. '뿌린 대로 거둔다' 라는 말은 절대 틀린 것이 아니다. 이런 부메랑 효과는 돈, 인간관계, 자신감, 업무목표, 팀의 사기, 고객관계, 새로운 프로젝트, 경력 등 인생의 모든 부분에 해당하는 이야기다.

그러므로 당신이 긍정적이든 부정적이든 한 가지 태도의 선택을 습관처럼 하게 되면, 세상은 그 태도에 가장 적합한 결과를 당신에게 되돌려줄 것이다. 긍정적인 선택을 할 것인지, 부정적인 선택을 할 것인지는 당신에게 달렸다.

선택 : 즉각적인 반응인가 아니면
신중한 대처인가?

선택할 수 있는 능력은 인간에게 주어진 가장 위대한 권한 중 하나다. 범죄를 저지른 자는 감옥에 갇혀 모든 선택권을 빼앗긴다. 잠에서 깨어나는 순간부터 식사, 휴식, 취침 등 자신의 행동을 선택할 수 있는 권리가 없이 시키는 대로 할 뿐이다. 이렇게 범죄에 대한 처벌의 형식으로 선택의 권리를 박탈하는 것은 아주 중요한 의미를 지닌다. 우리는 매일, 매 시간마다 수많은 선택을 하고 산다. 그 중에 어중간한 선택이란 존재하지 않는다. 항상 '이것' 아니면 '저것' 인 것이다. 어느 정도 차이가 있을 뿐, 일상에서 우리가 결정하는 모든 선택과 그 결과는 긍정적이거나, 부정적이거나 둘 중 하나다.

삶에 대한 태도는 우리가 결정하는 수많은 선택 중에서 가장 중요한 것이다! 그럼에도 그 결과가 긍정적이든 부정적이든, 태도를 선택하는 일 자체가 왜 그렇게 어렵고 힘들게 느껴지는지 그 이유를 한번 생각해보자. 가장 기본적인 이유는 우리에게 '선택의 자유' 가 있다는 것을 망각하기 때문이다.

선택이란 인간에게 주어진 가장 중요한 권한이자 능력인데
말이다.

　우리는 대부분 선택이라는 권한을 무의식에게 맡겨버린
다. 왜냐하면 하루에도 수천 가지가 넘는 많은 선택을 해야
하기 때문이다. 하루 중 우리가 내리는 선택의 95%는 무의
식적으로 이루어진다고 한다. 바로 어제, 또는 며칠 전으로
돌아가 퇴근 후 운전을 하면서 집으로 돌아가는 그때를 되돌
려보라. 운전을 하며 "어떤 길로 갈까?"를 심사숙고하여 선
택한 적이 있는가? 별 생각 없이 운전하다보니 어느새 집 앞
이라는 기분이 들 것이다. 마치 자동차가 저절로 움직여서
집 앞까지 온 것 같은 착각이 들 정도다. 그러나 운전은 꽤나
복잡한 일이다. 운전을 하다보면 순간순간 여러 가지 선택을
해야 하기 때문이다. 우회전을 할지 좌회전을 할지, 속도를
높일지 낮출지, 어디서 정지할지, 차선을 바꿀지 등 단 100
미터를 가더라도 여러 가지 선택을 해야 하는 행위가 바로
운전이다. 하지만 퇴근해서 집에 도착하는 일은 별로 의식하
지 않고도 문제없이 이루어진다. 매일 반복적으로 이루어지
기 때문이다.

　이처럼 일부러 의식하지 않고도 너무나 자연스럽게 이뤄

지는 선택에 대해서 생각해보자. 아침이 되면 잠자리에서 일어나는 일, 양치질하기, 동료에게 인사하기, 점심식사, 반복적인 업무처리 등의 행위는 거의 무의식적으로 일어난다. 크게 고심하지 않아도 성공적으로 실행할 수 있는 것이다. 이런 점에서 반복적인 일을 수행하는 데 무의식은 아주 유용하다. 하지만 삶에 대한 '태도'는 무의식적인 습관이 아니라, 의식적인 노력으로 선택해야 하는 것이다. 특히 원하는 결과를 얻기 위해서는 더욱더 그렇다.

　　선택은 인간이 가진 고유한 특권이다. 그러나 거기에는 엄정한 책임감이 뒤따른다. 오늘날 '그건 네 탓이야'라고 책임을 전가하는 분위기를 자주 목격하게 된다. 하지만 이런 세태가 아무리 만연해도, 우리가 실행하는 선택에 대한 책임은 궁극적으로 우리 자신에게 있다. 사실 나는 '책임감(responsibility)'이라는 단어를 '대처 능력(responseability)'이라고 쓰고 싶다. 인간으로서 우리는 여러 가지 상황에 대처할 수 있는 특별한 능력을 가지고 있다. 주어진 상황마다 우리는 그에 맞게 반응하고 대처한다. 물론 그중 상당수는 무의식적이고 즉각적으로 이루어진다.

일상에서 흔히 겪을 수 있는 일을 예로 들어보자. 스미스 씨 가족에게 저녁식사는 아주 중요한 의미를 지닌다. 남편 짐과 부인인 제인은 두 자녀인 조니(3세)와 제니(4세)를 식탁 앞에 앉힌다. 이제 가족 모두가 모여 저녁식사를 즐길 시간이다. 짐이 막 수저를 뜨려는 찰나, 조니가 우유잔을 엎어서 식탁과 바닥, 접시에 우유가 흥건하게 쏟아졌다.

이런 경우, 부모가 보이는 무의식적인 반응은 대부분 이렇다. "조니! 너 또 왜 그러니? 넌 정말 저녁 먹을 때마다 사고를 치는구나. 조심해야지, 조심!"

하지만 의식적으로 대처한다면 이렇게 말할 것이다. "조니, 걸레 가져와서 네가 쏟은 걸 닦으렴. 그래야 얼른 저녁 먹지."

부모의 어떤 태도가 아이의 미래에 긍정적인 영향을 미치는지는 당신도 쉽게 판단할 수 있을 것이다. 윽박지른다고 해서 실수가 고쳐지는 것은 아니기 때문이다. 우리가 어떤 사건에 무의식적으로 반응할 때, 그것은 순전히 감정적이고 무의식적인 선택이다. 예전의 비슷한 경험과 선택이 이미 무의식에 프로그램 되어 있기 때문에 단지 그 프로그램대로 수행하는 것이다. 하지만 이런 무의식적인 반응은 당신이 원하는 최상의 결과를 보장해주지 않는다. 감정적인 반응은 결과를 고려하지 않은, 단지 그 순간의 감정에 충실한 것이기 때문이다.

반대로 이런 상황에서 의식적인 대처를 하게 되면 더욱 생산적인 선택이 가능해진다. 다친 사람을 구해주는 응급처치 팀(Emergency Response Teams)은 있어도 응급반응팀(Emergence Reaction Teams)은 없는 이유가 바로 이것이다.

▶ 우리가 무의식적으로 반응하면, 인간의 본능적인 감정은 바로 앞만 볼 뿐 장기적인 결과를 내다보지 못한다.
◢ 우리가 의식적으로 대처하면, 인간의 두뇌는 충분히 집중하고 깨어 있는 상태가 되어 앞으로 일어날 결과를 생각하게 된다.

우리는 주변에서 부정적인 상황, 부정적인 사람을 수없이 많이 경험한다. 이때 중요한 것은 부정적인 데이터에 무의식적이고 감정적으로 반응하지 않도록 항상 의식적으로 대처해야 한다는 점이다. 화를 내거나 짜증을 내는 감정적인 반응은 그 어떤 문제도 해결하지 못한다. 그러나 무의식적으로 반응하는 대신 의식적으로 대처하는 선택을 하면, 우리의 태도는 물론 다른 사람의 인생까지도 긍정적으로 조율할 수 있다.

당신의 태도를 조율하여 최고의 삶을 연주하라!

삶에 대한 우리의 태도를 의식적으로 조율하기 위해서는 3가지 요소가 필요하다. 바로 생각, 언어, 행동이다. 많은 악기들이 모여 있는 오케스트라를 생각해보자. 수많은 악기가 한꺼번에 소리를 낸다면 시끄러운 소음에 불과하겠지만, 지휘자의 지휘 아래 의식적으로 선택되고 조율된다면 아름다운 음악으로 변할 것이다. 마찬가지로 이 3가지 요소를 의식적으로 신중하게 조율한다면 신념과 헌신, 결과라는 조화로운 삶의 화음을 만들어낼 수 있을 것이다.

당신의 선택	긍정적인 결과
생각	신념
언어	헌신
행동	결과

당신의 생각과 언어, 행동 그리고 결과 사이에는 다음과 같은 연결고리가 존재한다.

- **생각** : 당신이 세상을 해석하는 방식이 당신의 신념에 직접적으로 영향을 미친다.
- **신념** : 신념은 타인들에게 말하는 언어들의 선택에 직접적으로 영향을 미치고, 더욱 중요하게는 당신 자신에게 말하는 언어의 선택에 직접적으로 영향을 미친다.
- **언어** : 언어는 당신 자신과 타인들에 대한 당신의 헌신을 반영한다.
- **헌신** : 헌신은 당신의 행동을 선택하는 데 영향을 미친다.
- **행동** : 당신의 행동은 당신이 성취하는 결과에 직접적으로 영향을 미친다.

이 각본은, 좋든 싫든, **자기 강화적인 성격**을 지니고 있어서

단 하나라도 개선되면 될수록 나머지도 더 좋아지고, 악화되면 될수록 나머지도 더 나빠진다. 당신이 성취하는 결과가 당신의 생각을 강화시키고, 동일한 각본이 끝까지 계속해서 반복된다. 그처럼, 모든 것은 바로 당신의 생각에서 시작된다. 오늘 당신의 생각이 내일의 당신의 결과에 영향을 미친다.

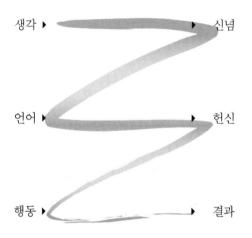

위 각본의 왼쪽은 선택의 측면이다. 당신은 자신의 생각과 언어를 의식적으로 혹은 무의식적으로 선택한다. 그러므로 당신의 선택은 각본의 오른쪽, 즉 책임의 측면에 영향을 미친다. 당신은 당신의 신념과 헌신, 그리고 결과들에 대해 반드시 책임을 져야만 한다. 당신뿐만 아니라 우리 각자는 우리의 선택과 우리가 궁극적으로 성취하는 결과들에 대해 책임을 져야 한다. 희생자가 될 것인가 아니면 승리자가 될 것인가? 라는 질문에 대한 최종적인 선택은 바로 우리들이다.

이 표의 요소들이 실생활에서 어떤 모습으로 변화하는지 한번 살펴보자. 가령 당신이 새로운 프로젝트를 맡았다고 가정해보자. 당신은 현재 이 프로젝트의 전망이 아주 밝다고 판단하고 자신감에 차 있다. 그러므로 당신은 이 프로젝트를 성공시킬 수 있는 구체적인 방법을 연구하고, 또 프로젝트가 성공하면 얻게 될 이익이 얼마나 되는지 측정해볼 것이다. 또한 당신은 프로젝트를 함께하는 팀원들의 재능과 능력에 대해 신뢰하고 있고, 그들이 프로젝트를 성공적으로 수행하기 위해서는 지금보다 더 뛰어난 역량과 능력을 발휘하여 발전할 필요도 있다고 생각한다. 새로운 프로젝트를 시작하는 착수회의를 준비하며 팀원들에게 보내는 이메일에는 '흥분', '기회', '유능한 팀', '창조적인 해결책', '긍정적인 효과' 등 힘이 넘치는 단어가 단골로 등장한다. 당신의 팀은 당신의 긍정적이고 낙관적인 태도에 '부메랑' 처럼 응답하여 업무에 대한 관심과 열정을 드러낸다. 회의는

역동적으로 진행되고, 저마다 어떤 역할을 해야 할지 분명하게 인지하며, 필요한 의사결정 역시 상호 협력적으로 재빠르게 이루어진다.

물론 프로젝트를 수행하다보면 당연히 어려움도 발생한다. 그러나 당신과 당신 팀은 절망적인 상황까지 수월하게 해결한다. 왜냐하면 당신 팀에게 실패란 필수적인 일이 아니며, 성공을 향한 길에는 여러 갈래가 있다는 것을 알기 때문이다. 당신이 긍정적으로 생각하고 말함으로써 당신의 팀원들 역시 성공에 대한 긍정적인 기대를 가지고 그 예상에 어긋나지 않도록 행동하는 것이다. 그 결과, 당신은 성공적인 결과를 얻게 되고 또 그 결과는 똑같이 긍정적인 생각과 말, 행동을 낳아 다음 프로젝트를 할 때도 그대로 실행된다. 성공의 도표는 이렇게 자기 강화적으로 선순환을 하면서 순조롭게 굴러가고, 더 큰 만족과 성공을 보장해준다.

태도를 긍정적으로 조율하라. 당신의 태도가 다른 사람에게도 영향을 미쳐 멋진 결과를 만들어낼 것이다. 당신은 당신 자신과 다른 사람에게서 최상의 노력을 이끌어내는 진실한 사람이 될 것이다. 오케스트라의 수많은 악기를 지휘하여 아름다운 음을 만들어내는 지휘자처럼, 성공의 3요소를 이해하고 조율하라.

자, 이제부터 이 성공의 요소들을 어떻게 조율해야 하는지 좀더 자세하게 살펴보도록 하자.

"우리 세대의 가장 위대한 발견은, 인간은 자신의 태도를 바꿈으로써 자신의 인생을 바꿀 수 있다는 사실이다."
윌리엄 제임스*William James*, 미국의 심리학자

For success

I will....

생 각 을   조 율 하 라

…생 각 하 는   대 로   현 실 이   되 는   힘

당신 자신의 신념은 다른 어느 누구의 신념보다 당신의 결과에 큰 영향
을 미친다.

우리의 생각과 신념은 우리의 인생은 물론 다른 사람의 인생에도 커다란 영향을 미칠 수 있는 강력한 힘을 가지고 있다. 사실 불행하게도 인생은 공평하지만은 않다. 우리가 마땅히 얻어야 할 것을 항상 얻을 수 있는 것은 아니다. 그래도 우리에게 희망을 주는 소식이 있으니, '**우리가 삶의 가치를 인정하는 만큼 삶을 풍성하게 누리게 된다는 것**'이다. 이것이야말로 인생의 법칙이다. 긍정적인 생각은 긍정적인 인생을 가져다준다. 반대로 부정적인 생각은 부정적인 인생을 가져다줄 뿐이다.

누군가는 이렇게 묻곤 한다. "내 현실은 항상 부정적인데 어떻게 긍정적인 태도를 가질 수 있습니까? 매일 매일 골치 아픈 일만 터지는데 어떻게 밝은 면만 본단 말이오?" 그러나 이런 말은 절대 진실이 아니다. 그렇다. 물론 나쁜 일은 언제든 일어난다. 그것도 '별안간 느닷없이' 닥치기도 한다. 그러나 명심할 것이 있다. **당신이 처한 상황을 부정적으로 만드는 것은 바로 상황에 대한 당신의 해석이다.** 상황 그 자체 때문에 당신이 부정적인 태도를 갖게 되지는 않는다. 당신의 생각이 그 상황을 부정적이고 절망적으로 해석할 뿐이다.

좋든 싫든, 우리가 어떤 생각을 갖고 상황을 해석하는가에 따라 우리의 신념, 나아가 우리의 행동까지 달라지는 것이 사실이다. 세계적인 자동차 제작회사 포드의 창설자인 헨리 포드*Henry Ford*는 이런 말을 한 적이 있다. "할 수 있다고 생각하거나 할 수 없다고 생각하거나, 어느 경우에든 당신이 맞다." 다시 설명하자면, **당신이 생각하는 것이 바로 당신이 얻게 되는 것이다.**

여기에도 즐거운 소식이 있다. 바로 당신이 당신의 생각을 좌지우지할 수 있다는 것! 지구상의 그 어떤 누구도 당신의 생각을 좌지우지할 수는 없다. 당신이 일부러 통제력을 양보하지 않는 한 말이다. 당신 자신이야말로 당신 생각의 유일한 지휘자이기 때문이다.

생각  ▶ 신념

그렇다면 당신의 생각을 긍정적으로 조율할 수 있는 3가지 방법에 대해서 살펴보자. 그리고 당신에게 필요한 부분이 무엇인지 생각해보라!

1. 당신의 관점을 선택하라.

2. 당신의 초점을 점검하라.

3. 당신에게 투입되는 것들을 통제하라.

당신의 관점을 선택하라

어떤 경험을 하느냐보다 중요한 것은 그 경험을 어떻게 이해하고 받아들이는가 하는 것이다. 사람은 과거에 있었던 자신의 경험을 어떻게 해석하느냐에 따라 과거에 대한 인식이나 신념이 달라진다. 게다가 현재 경험을 어떻게 해석하는가에 따라 미래에 있을 성공의 기회가 커지기도 하고 작아지기도한다. 예를 들어 여기 당신이 주도하는 아주 중요한 프로젝트가 있다고 하자. 그 프로젝트에 임하는 당신은 '승진' 이라는 결과가 생길 것이라고 확신하며 자신감에 차 있었다. 하지만 시간이 지날수록 문제가 터진다. 예산은 가볍게 초과되고, 마감일은 지킬 수 없게 된다. 하지만 이때, 이 상황을 어떻게 해석하느냐 하는 관점의 차이에 따라 당신의 미래가 결정된다. 당신은 실패자가 되어 써먹을 수 있는 능력이 다 소진되어 쫓겨나는 불쌍한 리더가 될 것인가? 아니면 당장은 입에 쓰지만 귀중한 교훈을 받아들이고, 미래의 새로운 프로젝트에서 당신의 진가를 보여주기 위해 준비하는 훌륭한 리더가 될 것인가? 상황에 대한 사실은 당신이 어떻게 할 수 없는 고정된 사실이다. 그러나 사실에 대해 어떤 관점을 갖느냐 하는 것은 당신의 선택사항이다.

어떠한 경우라도 항상 최선을 선택하라. 그렇다고 해서 나쁠 건 없잖은가? 만약 당신이 늘 최악의 것을 생각하고 대비한다면, 그래서 최악의 경우 겪게 될 좌절감으로부터 자신을 보호하고자 한다면, 당신은 그 어떤 상황과 사람을 보더라도 '최악' 이라는 실망스러운 렌즈를 통해서 보게 될 것이다. 그 결과 당신이 얻는 것도 실망스러운 결과가 될 것이다. 그러나 당신은 당신의 태도를 바꿀 수 있지 않은가? 반대로, 당신은 늘 최선의 상황만 생각할 수 있다. 어떤 상황이 닥쳐오든 매 순간 가장 좋은 부분만 발견하는 것이다. 물론 때론 좌절하게 만드는 상황도 찾아올 것이다. 그러나 최선의 부분을 찾아내려고 노력한다면, 대부분의 경우 당신 자신은 물론 타인에게서 최선의 능력을 이끌어내는 프로그램을 작동시킬 수 있다. 사물의 긍정적인 면만 보라는 이유가 바로 여기에 있다.

만약 자신도 모르는 사이에 부정적인 생각을 하고 있다면 그 자리에서 "Stop!"이라고 외쳐라. 그리고 의식적으로 부정적인 생각을 긍정적인 생각으로 바꾸어라. 큰 목소리로 "Stop!"이라고 외치는 것은 아주 중요하다. 이렇게 외치는 자신의 목소리를 들어야만 의식적으로 자신의 마음가짐이 변화하는 것을 느낄 수 있기 때문이다. 정말 이런 사소한 것이 효과가 있을까 의심스러운가? 물론 효과가 있다. 한번 외쳐보라!

언젠가 내 친구가 운전 중에 짜증나는 상황에 대해서 이야기를 한 적이 있다. 피곤한 하루업무를 마치고 엄청난 교통체증을 뚫고 겨우 집 앞에 도착하면, 주차장은 언제나 아이들 자전거와 장난감으로 잔뜩 어질러져 있다는 것이다. 그때 그는 무의식중에 이렇게 반응했다고 한다. "도대체 애들이 책임감이라고는 도통 없단 말이야. 놀고 난 뒤에는 장난감을 제자리에 갖다 놓으면 얼마나 좋아. 아휴, 매일 이렇게 장난감을 치우고 차를 세워야 하니, 나 참."

그러나 그 순간 그는 "Stop!"이라고 크게 외쳤다. 부정적인 생각을 하고 있는 자신을 발견했기 때문이다. 그러고 나서 그는 의식적으로 긍정적인 생각을 하기 시작했다. "애들은 역시 애들이야. 장난감이 이렇게 어질러 있는 것을 보니 오늘 아주 신나게 놀았나보군. 세상에 시간이 얼마나 빨리 지나가는지, 앞으로는 아이들과 더 자주 놀아줘야지."

그렇다. 여전히 주차장은 한 차례 폭풍이 휩쓸고 지나간 것처럼 마구 어질러져 있고, 아이들은 아직도 장난감을 치우지 않았다. **어질러진 주차장을 바라보는 그의 태도만이 변해 있을 뿐, 상황은 아무것도 변하지 않았던 것이다.** 그 친구는 차에서 내려 장난감을 치워야 하는 짜증을 아이들이 건강하고 활기찬 데 감사하는 마음으로 바꾸고, 아이들과 앞으로 더 놀아줘야겠다는 긍정적인 방향으로 마음을 바꿨다.

그렇다. 우리가 매일 겪는 상황이라도 마음을 조금만 달리

먹으면 그 순간 새로운 모습이 펼쳐질 것이다. 처음은 어렵겠지만 의식적으로라도 다른 관점으로 생각해보라. 절대 해결되지 않을 것 같은 문제들도 새로운 방법이 보일 것이다.

나 역시 최근에 그와 비슷한 경험을 한 적이 있다. 당시 나는 강연회에 가기위해 5시 55분에 출발하는 비행기를 타야했다. 빠듯한 시간에 공항에 도착한 나는 시간을 절약하기 위해서 더 많은 요금을 지불하고 공항 주차장에 차를 주차했다. 그리고 나서 주차장을 가로질러 터미널로 뛰어 들어갔다. 그러나 보안검색대 앞에 너무나 많은 사람들이 기다리고 있어 멈출 수밖에 없었다. 가까스로 이륙시간 10분 전에 검색대를 통과한 나는 수많은 사람과 카트 사이를 뛰다시피 빠져나갔다. 평소 즐겨 먹던 간식도 사지 못하고 말이다! 겨우 출발 게이트에 도착해보니, 전광판에 이런 안내문이 보였다. "691 항공기, 이륙 지연. 8:55 이륙" 세상에, 3시간이나 지연됐단 말인가?

순간 나는 혈압이 오르는 것을 느끼면서 가까이 있는 항공사 직원에게 이게 무슨 일이냐고 쏘아 붙이고 싶은 충동을 느꼈다. 그러나 다행히도, 나는 마음을 진정하고 말 그대로

"Stop"이라고 나지막하게, 그러나 단호하게 소리쳤다. 물론 그렇게 큰 소리로 외친 것은 아니었다. 그냥 주변에 있던 몇몇 사람이 호기심 넘치는 표정으로 나를 쳐다볼 정도였다고 나 할까? 본능적으로 비생산적인 반응을 보일 찰나에 스스로 "Stop!"이라고 외쳤던 것이다. 마음을 다스린 나는 의자에 앉아서 미처 다 보지 못한 기사를 훑어보기 위해 가까이 있는 신문을 집어 들었다. 그리고 가지고 있던 책을 펼쳐서 한 장(章)을 다 읽고, 지금 당신이 읽고 있는 이 책의 원고를 집필하였다. 그러고 나서 친구 몇몇과 전화통화를 했고 떨어져서 살고 있는 어머니에게 안부인사차 전화도 했다.

잠시 후, 조금 전에 내가 그랬던 것처럼 아주 빠른 속도로 게이트로 뛰어오는 신사가 보였다. 그는 카운터에 서류가방을 던지고는 물었다. "비행기 이륙했나요?" 그러자 직원이 뒤편의 전광판을 가리키며 말했다. "아니오, 손님. 죄송하게도 비행기는 연기되었습니다." 그러자 그 신사는 즉각 무의식적인 반응을 보였다. "나는 당신 항공사의 최고 우수 고객이란 말이오. 절대 늦어서는 안 되는 일이 있는데 무슨 소리요! 당신 상관이 누구요?" 그러고 나서 그 남자는 최고 담당자를 불러 이런 저런 불만에다, 말도 안 되는 요구사항을 늘어놓고는 어디론가 전화를 걸어서 상대방에게 무례한 말투로 불평을 해댔다. 그 남자의 화풀이는 몇십 분이고 계속되었지만, 그렇다고 비행기가 출발하는 것도 아니고 달라진 것은 아무것도 없었다. 나는 그가 해결될 것 같지도 않은 일에 화풀이를 반복하자 이내 흥미를 잃고 말았다. 비행기가 출발할 때까지 몇 시간이나 있었는가? 3시간이었다. 그 남자는 무려 3시간 동안 끊임없이 화를 내고 있었다.

> 당신이 사물을 바라보는 관점을 바꾸면, 당신의 관점에 따라 사물이 바뀐다.

비행기가 연착된 상황에서 그 남자와 나에게 주어진 상황은 똑같았다. 결국 그 남자는 화가 풀리지 않은 채로 탑승했고, 나는 그 사람 옆에 앉지 않아서 정말 다행이라 생각하며 가슴을 쓸어내렸다. 그 남자는 비행기 이륙시간이 지연되어 생긴 3시간을 비생산적으로 소비하고 말았다. 그러나 나는 이 3시간 때문에 다시 원기를 되찾았다. 왜냐하면 나는 그 시간 동안 미처 읽지 못한 것을 읽고, 해야 할 일을 하고, 중요한 사람들과 연락하면서 보내기로 선택하고 행동했기 때문이다. 나는 긍정적인 태도를 선택하여 내 스스로 최선의 것을 얻은 반면, 그 남자는 똑같은 상황에서 오히려 상황 때문에 자신이 가진 최선의 것을 놓치도록 방치한 것이다.

언제 어디서든 무슨 상황에서나 긍정적이고 생산적인 관점을 선택하라. 마음과 생각부터 완전히 확 뒤집어서 전혀 새로운 관점을 창조해내라. 당신이 처한 상황이 당신의 태도를 망치지 않도록 주의하라. 만약 당신이 긍정적인 관점을 선택하기로 결정했다면, 어떻게 하는 것이 가장 최선의 방법일지 그 순간부터 아주 선명하게 볼 수 있을 것이다.

당신의 초점을 점검하라

우리가 초점을 맞추는 것들은 우리 삶을 위한 자석(磁石)이 된다. 기회를 잡는 데 집중해보라. 그러면 당신이 원하는 기회가 포착되고 문은 열릴 것이다. 그러나 시도 때도 없이 터지는 문제에만 집중한다면? 수도 없이 많은 장애물과 난관만이 눈에 보일 것이다.

어떤 사람은 행운이라는 행운은 다 타고 난 것처럼 보여서 부러웠던 적이 있는가? 그 사실이 불만스러웠을 때도 있었을 것이다. 그러나 당신도 그렇게 부러워하는 '운이 좋은' 사람의 범주에 들어갈 수 있다. 일반적으로 '운이 좋은' 사람은 왼편의 덕목들에 집중함으로써 자신과 주변 사람들에서 최선의 역량을 이끌어낸다.

용서 vs. 분노

이타심 vs. 이기심

기회 vs. 난관

감사하는 마음 vs. 질투심

넉넉함 vs. 야박함

오늘 vs. 어제

건설적 vs. 파괴적

유머 vs. 비극

통제 가능성 vs. 통제 불가능성

주는 것 vs. 받는 것

당신이 인생의 긍정적인 요소, 즉 '좀더 나은' 것에 더 많이 집중하고 관심을 가질수록, 평소에는 잘 보이지 않던 긍정적인 요소들까지도 더 많이 이끌어낼 수 있다. 용서와 관용에 집중해보라. 그러면 당신은 세상에는 아직도 용서와 관용이 넘친다는 것을 알게 될 것이다. 웃음과 넉넉함에 집중하라. 그러면 당신의 인생 자체가 환한 웃음으로 가득 찰 것이다. 반대로, 인생의 역경과 고난에만 집중해보라. 그 순간 당신의 인생은 한편의 비극으로 변할 것이다.

사실 '운이 좋다'는 것은 결국 '행운' 그 자체와는 아무런 관계가 없다. **가장 성공적인 사람은 지속적으로 자신의 초점을 점검함으로써 자신들만의 행운을 만들어낸다.** 이런 사람들에게는 늘 행운이 따라다니는 것처럼 보인다. 그 이유는 바로 이들이 집중하는 좀더 나은 것들이 항상 좋은 일만 일어날 수 있도록 기회를 만들고, 또 그런 방향으로 물꼬를 터주기 때문이다. 자신에게 무엇이 이득이 될지 생각하고 그에 집중하는 것이다. 한 마디로, 행운은 90%의 준비와 10%의 기회로 이루어진다고 할 수 있다.

자, 그렇다면 이제 당신이 당신의 시간과 돈, 에너지를 어디에 어떻게 쓰고 있는지 살펴보자. 그것이야말로 당신의 집중대상을 점검하는 가장 확실한 방법이다. **시간, 돈, 에너지는 우리가 가진 가장 소중한 자원이다.** 그러나 이 자원은 안타

깝게도 한정되고 유한한 것이다. 만약 당신이 어느 한 곳에 이 자원을 사용하면, 다른 곳에는 사용할 수 없다는 뜻이 된다. 그러므로 당신이 어떤 면에 집중하고 있는지 점검하고 싶다면 당신의 시간, 돈, 에너지가 어디에 투자되고 있는지 보면 알 수 있다. 당신의 포커스는 앞에 열거된 덕목들 중 오른쪽에 집중되어 있는가 아니면 왼쪽에 집중되어 있는가? 현재까지 당신의 행동과 선택을 신중하게 고민해보고 선택하라. 그에 따라 앞으로의 성공을 가늠할 수 있을 것이다.

당신에게 투입되는 것들을 통제하라

사람의 마음은 바로 사람이 가진 최고의 컴퓨터라는 것을 기억하는가? 실제 컴퓨터를 사용할 때, 정기적으로 바이러스를 예방하고 퇴치하는 백신 프로그램을 실행하는 것을 잊어버려서 가끔 낭패를 보는 경우가 있다. 이처럼 사람도 마음의 컴퓨터를 위한 백신 프로그램을 실행시키는 것을 잊어버리면 자신도 알지 못하는 사이에 부정적인 생각들이 마음속으로 여과 없이 입력된다. 그러나 컴퓨터와 마음의 차이점은, 컴퓨터는 '바이러스 침입, 바이러스 치료'가 되지만,

우리 마음은 '바이러스 침입, 바이러스 잠식'이 되어버린다는 것이다.

> "당신이 당신의 삶의 방식을 통해 문제를 더 쉽게 만들 수 있다면
> 인생에 어려운 것은 없다."
> 엘렌 글래스고우*Ellen Glasgow*, 미국의 화가

인간의 마음은 결코 잠들어 쉬는 법이 없어서, 결코 마음을 속이고 기만할 수는 없다. 그래서 **타인들만이 아니라 특히 당신 자신에게서 무엇을 듣든지, 그것들은 모두 당신의 마음에 기록되고 저장된다.** 그러나 마음은 입력되는 정보가 당신에게 좋은 것인지 해로운 것인지 구분하지 못한다. 마음은 당신에게 입력되는 모든 정보를 그냥 다 저장할 뿐이다. 만약 당신이 어떤 이야기를 자주 듣는다면, 당신은 어느 순간 그 이야기를 곧이곧대로 믿고 그에 걸맞게 행동하게 될 것이다. 그러므로 당신의 마음은 언제나 당신의 편에 서는 최고의 아군이 될 수도 있고, 방해만 하는 최악의 적군이 될 수도 있다. 그러니 항상 긍정적인 정보를 가려서 듣도록 노력하라. 그럴수록 긍정적인 결과물을 얻을 수 있는 기회가 더 많아질 것이다.

좋건 나쁘건, 우리는 지속적으로 생각하는 것을 우리의 인생에 끌어들인다. 만약 당신이 업무상 실수를 저질렀을 때 상사가 어떻게 반응할 것인지 강박관념을 가지고 있다면, 당신에게는 어떤 일이 일어날까? 또한 당신이 왜 항상 쉬지 못하고 일만 해야 하는지, 왜 이렇게 인간관계에 문제가 많은지, 자동차 할부금을 갚지 못하는 상황이 되면 어떻게 될지, 회사에서 동료만큼 인정받지 못하면 어떻게 될지 등등 무의식중에 끊임없이 부정적인 정보를 주입시킨다고 가정해보라. 이렇게 당신과 주변 사람들에게 부정적인 정보가 지속적으로 더해지면, 언젠간 그것이 실제 당신의 현실이 되고 만다. 부정적인 생각은 당신에게서 최선의 능력이 발휘되지 못하게 막는 지뢰와 같다. 그러므로 마음이라는 컴퓨터 속에 부정적인 정보만 되새기는 바이러스가 침입한 것이 아닌지 정기적으로 검색하고, 삭제하는 걸 잊어서는 안 된다.

예일Yale대학교 학생이었던 프레드 스미스Fred Smith는 수업시간에 앞으로 오게 될 자동화 사회에서 종래의 유통과 배달시스템에 어떤 변화가 올 것인지 대해 보고서를 제출했다. 그때 스미스의 지도교수는 그가 제출한 보고서에 다음과 같은 감상을 달아서 돌려주었다. '이 주제에 관한 개념은 아주 흥미롭고 또 잘 다듬어졌으나 C학점 이상은 줄 수 없음. 그 이상의 점수를 받기 위해서는 제시한 개념이 현실적으로 실행 가능한 것이어야 함.' 그로부터 5년 후, 스미스는 자신의 보고서에서 주장한 개념을 실행 가능한 것으로 만들 수 있는 방법을 찾아냈다. 그 결과가 바로 전 세계로 물품을 배달하는 물류배송업체 페데랄 익스프레스*Federal Express*다. 프레드 스미스는 지도교수는 물론 이후 다른 사람의 생산적인 조언을 받아들여 더욱 긍정적인 결과를 만들어냈던 것이다.

그럼, 우리가 매일같이 접하면서 마음을 프로그램 하는데 활용하는 가장 일반적인 매체와 그 영향력에 대해서 살펴보자. 앞으로 살펴볼 3가지 매체들은 우리의 생각과 궁극적으로 그것이 가져오는 결과에 긍정적인 혹은 부정적인 영향을 줄 수 있는 것들이다.

1. 텔레비전

여러 연구결과에 따르면, 인간의 무의식과 수용력은 잠들기 5분 전에 가장 활성화된다고 한다. 그런데 그 시간에 많은 사람들이 텔레비전의 뉴스를 시청하다 잠들고 만다. 오늘날 우리가 듣는 뉴스의 대부분은 불행히도 반가운 소식보다는 비극적인 것이 많다. 당신이 특별히 부정적인 뉴스를 자주 접하고 있다고 생각된다면, 일상적인 것으로 받아들이지 말고 그저 뉴스일 뿐이라고 생각하라. 왜냐하면 뉴스의 사건사고야말로 아주 특별한 경우이기 때문이다. 이렇게 의식적인 노력을 하면 부정적인 정보의 충격을 다소 완화시켜 마음의 균형을 잡을 수 있을 것이다.

그렇다면 이런 상황 속에서 어떻게 해야 늘 긍정적인 정보를 저장하여 긍정적인 태도를 유지할 수 있을까?

당신이 현재 보고 있는 것이 무엇인지 점검하라. 앞으로는 비극적인 드라마나 뉴스보다는 더욱 교육적이고 예술적인 프로그램, 스포츠나 유쾌한 코미디 프로그램을 더 자주 보도록 하라. 이런 프로그램은 긍정적인 생각을 자극하라.

2. 신문

많은 사람들, 특히 비즈니스의 세계에 몸담고 있는 사람들은 신문을 펼치면서 하루를 시작한다. 헤드라인만 읽든, 앞면에서부터 마지막 한 줄까지 신문 전체를 읽든 신문은 긍정적이고 훈훈한 소식도 있지만 부정적인 것들도 많다. 그러니 매일 아침 무의식적으로 신문을 펼쳐들고 빠져 들기 전에, 또는 인터넷 포탈 사이트의 뉴스를 들여다보기 전에 먼저 당신을 보살펴주고 도와주는 고마운 사람, 사물을 되새겨보라. 또한, 마지막으로 고무적인 이야기로 읽기를 마무리 하는 것을 습관으로 만들어라. 그래서 당신의 마음이 긍정적인 하루가 되도록 준비시켜라.

> "당신이 성공하기를 원한다면, 바람이 아닌, 돛을 관리하는 데 노력을 다하여라."
> 익명

3. 주변 사람들

당신 주변에 긍정적이고 희망적인 정보를 주는 사람들을 넘치게 하라. 그러나 부정적인 사람, 부정적인 시각을 가진 사람은 언제나 있기 마련이다. 그들을 영영 피할 수는 없으므로 그들이 입력하려는 부정적인 정보를 걸러내 마음속에 '바이러스' 가 최소한 적게 생기도록 하는 방법을 배워야 한다. 그들의 불평과 불만이 당신을 기분 나쁘게 만들지 못하도록 미리 경계하라. 무엇보다 최선의 전략은 긍정적인 시각을 가진 사람과 친하게 지내면서 그들과 함께 더 많은 시간을 보내려고 노력하는 것이다. 당신의 가족과 동료, 친구를 당신 마음대로 선택할 수는 없겠지만 의식적으로 긍정적인 사람들과 지내려는 노력을 하는 것이 중요하다.

이상 위에 열거한 3가지 정보의 원천은 모두 당신에게 긍정적인 또는 부정적인 영향을 끼칠 수 있는 잠재력을 가진 매체들이다. 이것들은 당신의 태도와 그 태도가 초래하는 결과에까지 영향을 끼칠 수 있다. 자, 주변을 살펴보라. 당신은 지금 외부의 정보를 제대로 통제하고 있는가? 외부의 환경은 손쓸 수 없다고 방관하지 말고, 좀더 좋은 것들을 선택하려 노력하라.

앞으로 소개할 2가지 강력한 정보 통제 방법은 누구나 쉽게 이용할 수 있으면서도 우리가 제대로 활용하지 못하고 있는 것들이다. 당신에게 맞는 것을 선택하여 활용하라.

1. 책을 읽고 오디오 CD를 이용하라

차를 통해 출퇴근하는 당신이라면 1년 동안 자동차 안에서 보내는 시간이 평균 500시간이라는 것을 아는가? 자, 그

아까운 시간에 오디오 CD로 책을 듣든가 아니면 마음을 순화시켜줄 내용을 알려주는 라디오를 듣는 건 어떨까? 단, 계속 강조했듯이 당신의 마음을 긍정적인 정보로 넘치게 할 유익한 내용이여야 한다. 또한 하루에 한 시간씩 책을 읽는다면 2~3년이 지난 후 당신은 그 주제에 관한 한 전문가가 될 수 있다. 당신의 마음을 긍정적인 정보로 채우고 지식도 얻는다면 이 얼마나 좋은 전략인가?

2. 시각적 연상작용을 연습하라

실제 심리학자들의 연구를 통해 알 수 있듯이 여러 분야에서 탁월한 성과를 보여주는 운동선수, 외과의사, 공학자, 예술가들은 자신의 일을 효과적으로 수행하기 위해서 성공한 결과를 미리 마음속에 그려보는 시각적 연상작용을 연습한다고 한다. 좋은 몸매를 만들어 꼭 맞는 티셔츠를 입은 모습을 상상해보라. 또는 중요한 프로젝트를 성공적으로 완수하여 전 사원들 앞에서 인정받는 모습을 상상해보라. 일을 하는 데 더욱 자극을 얻을 수 있을 것이다.

시각적 연상작용에 대한 좋은 예가 있다. 맥스웰 말츠 *Maxwell Maltz*박사는 최근 한 농구 팀을 대상으로 실험한 시각적 연상훈련에 대한 연구를 발표했다. 그 내용은 이렇다. 맥스웰 박사는 10명의 농구선수를 선발해 5명의 선수는 실제 체육관에서 공을 가지고 자유투 연습을 하게 하고, 나머지 5명은 머릿속으로 자유투를 성공시켜 득점하는 광경을 계속적으로 연상하는 연습을 하게 했다. 5일 동안 서로 다르게 연습한 후에 맥스웰 박사는 두 팀이 실제 자유투를 던지는 시합을 하게 했다. 그 결과, 시각적으로 연상하고 훈련한 선수들이 체육관에서 실제 연습만 한 선수들보다 훨씬 더 득점력이 높았다. 이처럼 마음속에 원하는 결과를 시각적으로 연상하는 훈련을 하게 되면 인간의 뇌는 신경 분자적인 신호를 보내 실제 경기에서 놀라운 결과를 낼 수 있도록 한다.

당신도 목적 그 자체에 대해서만 시각화하는 데 그치지 말고, 실제 당신이 목표로 하는 것을 성취했을 때의 신체적 느낌을 상상해보라. 인간의 마음은 실제로 경험하는 신체적인 연습과 이미지를 떠올리는 정신적인 연습과 사이의 차이점을 인지하지 못한다. 시각화 연상훈련은 우리가 마음속으로 간절히 바라는 목적이 무엇인지를 더욱 선명하게 해주는 과정이다. 일단 원하는 결과를 마음속에서 미리 볼 수 있다면,

그 목적을 성취하는 데 더욱 가까이 다가갈 수 있다.

당신은 당신이 생각하는 대로 형성되는 존재다. 그러니 당신에게 유입되는 정보를 통제하라.

> "우리는 우리가 생각하는 모습대로 된다."
> 얼 나이팅게일 *Earl Nightingale*, 연설가이자 작가

당신의 생각을 조율하는 5분의 시작

현재 당신 앞의 가장 큰 난관이나 문젯거리는 무엇인가?

당신 앞에 놓인 문제 중에서도 긍정적인 요소가 있다면 무엇일까? 3가지만 적어보자.

1. _____

2. _____

3. _____

위에 적은 3가지 긍정적인 요소를 고려하여, 지금까지 문제라고 생각했던 것을 기꺼이 받아들일 수 있는 기회로 생각하며 다른 시각으로 평가해보라.

이제, 새롭게 발견한 시각을 사용해 당신 앞에 주어진 기회를 잡아보라!

...

생각을 조율하라

1. 당신의 관점을 선택하라.
2. 당신의 초점을 점검하라.
3. 당신에게 투입되는 것들을 통제하라.
...

당신의 오늘 모습은 당신의 어제 생각에 따른 것이다. 또한 당신이 오늘 생각하는 것에 따라 당신의 내일 모습이 결정된다.

언어를 조율하라

…행운을 부르는 행운의 말

당신이 사랑이 담긴 말을 하거나 분노에 가득찬 말을 하거나, 또는 감사의 말을 하거나 질투의 말을 하거나, 오늘 당신이 하는 말은 영원히 그 흔적을 남긴다.

"할 말, 안 할 말을 가려서 하라"는 옛 말을 알고 있는가? 이 진부한 진리가 말하는 것은 언어란 늘 다른 사람에게 어떤 식으로든 영향을 남긴다는 하나의 경고다. 그러나 놀라운 사실은 언어의 영향력은 듣는 사람보다는 말하는 사람에게 더 크게 작용한다는 것이다. 자신이 내뱉는 말이나 타인으로부터 듣는 말은 모두 우리 마음속에 각인된다. **사랑을 담았거나 혹은 분노에 차서, 자애로운 태도로 혹은 시기에 찬 마음으로 말을 하건, 당신의 언어는 영원한 흔적을 남긴다.** 어떤 것을 반복적으로 말하게 되면 우리 마음은 그 말을 사실로 인정하게 되고, 어느 순간 그 내용이 현실이 되는 것이다. 똑같은 말이 반복되면 될수록 우리의 마음은 그 소리에 귀가 멀어 그것이 틀릴 수도 있다는 것을 알지 못하게 된다.

당신의 마음은 좋은 말이든 나쁜 말이든 당신이 하는 말을 듣는다. 그리고 당신의 두뇌는 점차 그 말에 맞게 프로그램 된다. 만약 당신이 아래와 같은 말을 계속 반복한다면 당신의 현실도 이와 똑같이 변할 것이다.

- 나는 이 일을 할 만한 능력이 없어.
- 나는 이 일을 못해.

◀ 나는 저렇게까지 성공할 수 없을 거야.

◀ 나는 그럴 듯한 프로젝트를 차지할 수 없을 거야.

◀ 나는 항상 운이 나빠.

▼ 다른 사람이 실패하지 않는 한, 내 힘으로 성공하기는 글렀어.

▲ 이 난관을 결코 헤쳐 나갈 수 없을 거야.

언어 ▶  ▶ 헌신

언어는 행동에 대한 우리의 헌신을 반영한다. **즉 우리의 언어는 사실만을 말한다.** 우리가 친구와 오랜 시간 이야기를 나누건 식당에서 간단하게 주문을 하건 간에 모든 단어는 차이를 만들어 낸다. 우리의 상호작용의 결과는 결코 중립적이지 않다. 그것들은 항상 부정적이거나 긍정적이다.

당신 스스로에게 물어보라. "내가 하는 말은 늘 즐거움을 느끼고, 다른 사람을 도와주는 데 헌신하는가? 또한 호혜적인 방향을 추구하고, 올바른 견해를 제시하고 있는가? 순간마다 최선을 다하고, 늘 배우는 자세로 변화를 기꺼이 수용하고 감당하려고 하는가?"

'말이 씨가 된다' 는 훌륭한 속담처럼, 말은 바로 실천의 씨앗이다. 인간이 세치 혀를 움직일 때마다 행동의 씨앗이 뿌려지는 셈이다. 말이란 일단 뱉어지면 즉각적으로 결과가 나타나거나, 시간을 두고 결과라는 싹을 틔우게 된다. 그 결과가 당장 눈앞에 나타나든 나중에 나타나든, 실패와 패배의 말을 하면서도 성공하고 승리하는 인생을 바랄 수는 없다.

여기 당신의 언어를 조율하는 3가지 방법이 있다.

1. 당신 자신을 칭찬하라.
2. 활기차게 이야기하라.
3. 올바른 질문을 하라.

"헌신하는 마음을 가진 한 사람은 단지 흥미만 가진 사람 100명 보다 더 값지다."
메리 크로울리*Mary Crowley*, 미국의 사업가

당 신 자 신 을 칭 찬 하 라

당신은 세상의 그 어떤 누구보다 바로 자기 자신에게 더 많은 말을 하고 산다는 사실을 아는가? 저마다 겪을 수밖에 없는 어려운 문제에 부딪쳤을 때, 자신과의 대화에서 어떤 단어를 사용하는가에 따라 이 고통의 기간이 얼마나 지속될지 결정된다. 당신이 처한 상황을 묘사하는 언어들이 아닌, 당신의 상황을 변화시키는 언어들을 사용하라. 나쁜 말이든 좋은 말이든 당신이 뭔가를 말하는 순간, 당신의 마음은 하나의 개념, 기대, 소망을 탄생시키는 것과 같다. 그러므로 당신은 말을 함으로써 언젠가는 수확하게 될 하나의 개념, 기대, 소망의 씨앗을 뿌리는 셈이 된다.

왠지 모르게 기운이 없고 자신감도 없는가. 그렇더라도 다른 사람에게 곧이곧대로 말하지 말라. 지금 당신의 우울한 기분이 아니라, 앞으로 어떤 기분이 들었으면 좋겠는지 당신이 소망하는 바를 말하라. 당신이 말하는 내용과 말하는 방식을 바꾸면, 즉 열정을 담은 긍정적인 말을 한다면 당신의 몸과 마음도 어느새 열정에 가득찰 것이다.

내가 처음으로 사업을 일으켰던 때가 생각난다. 나는 그때를 회상할 때마다 '수백만 가지 거짓말을 늘어놓고 다니던 때'였다고 우스개 소리를 하곤 한다. 실제 나는 내 자신을 치켜세우는 데 많은 시간을 투자했기 때문이다. 설명하자면 이렇다. 신종사업을 시작하려면 항상 그렇듯이, 나는 나 나름대로 사업에 대한 어려움과 좌절감을 느끼며 힘든 적응기간을 보내고 있었다. 그때 나를 만나는 친구들은 내가 어떻게 일을 하고 있는지 궁금한 마음에 선한 의도로 묻곤 했다. "이봐, 사업은 잘 돼가?" 만약에 내가 그때의 기분대로 "몰라, 아주 힘들어. 잘해보려고 열심히 하긴 하는데 돈이 너무 많이 들어. 예전에 같이 일하던 사람들을 내 고객으로 전환시키기가 예상보다 훨씬 힘드네. 게다가 생각했던 것보다 일도 많고"라고 이야기 했다면 내 대답을 듣는 친구까지도 맥이 빠졌을 것이다.

어느 누구도 힘들어하고 기운 없이 대답하는 사람 곁에 오래 머물고 싶어 하지 않는다. 내가 내 어려웠던 기분을 그대로 털어놓았다면 아마도 나는 나의 새로운 사업에 불행의 씨앗을 뿌리는 결과를 초래했을 것이다. 하지만 나는 어려운 상황을 변화시킬 수 있는 단어를 사용하며 대답했다. 그렇다고 해서 거짓말을 한 것은 아니다. 단지 내 친구의 질문에 대답하기 위해 관점을 선택했을 뿐이다. 나는 그에게 이런 식으로 대답했다. "전망이 좋아. 그리고 장기적으로 볼 때, 노력한 만큼 성공할 수 있을 것 같은 자신감이 생겨. 제대로 하고 있는 거 같아. 그리고 가장 중요한 것은 나 자신이 일에 아주 열정적이라는 사실이야. 그것만으로도 이미 성공했다고 볼 수 있지 않을까?" 나는 긍정적인 말을 사용함으로써 성공의 씨앗을 뿌린 셈이다. 자신을 초라하게 만드는 말 대신 치켜세우는 말을 하라. 그것이 성공의 시작이다.

사람들은 일에서나 생활에서나 긍정적이고 에너지가 넘치는 태도를 가진 사람 곁에 머물고 싶어 한다. 그러니 사람들에게 당신이 느끼고 싶은 방식 대로 말하라. 그러면 머지않아 당신은 그렇게 느끼게 될 것이다. 어렵고 힘든 상황에 빠져 있더라도 누군가 '요즘 어때?'라고 물으면 스스로를 치켜세우고 자신감 넘치는 목소리로 대답하라. 자기 자신을 떠받들지 않으면 그 누구도 당신을 떠받들지 않을 것이다.

활기 차게 이야기하라

우리가 매일 쓰는 언어들은 당신의 생각보다 훨씬 더 강력한 힘을 갖는다. 우리가 사용하는 단어, 우리가 하는 말, 우리가 하는 행동에는 보이지 않는 힘이 있다. 하지만 많은 사람들이 아무런 힘도 에너지도 없는 말로 인사를 건넨다. 당신이 누군가에게 인사를 했을 때, "그럭저럭요", "그렇죠 뭐", "죽겠어요", "그냥 그저 그래요"라는 대답을 들은 적이 있는가? 아니면 당신 자신에게 그렇게 말한 적이 있는가? 아마 그리 먼 과거로 거슬러 올라가지 않아도 될 정도로 무의식중에 이런 말을 반복하고 있을 것이다.

> "당신이 되고자 하는 모습에 따라 행동하라. 그러면 머지않아 당신이 행동하는 대로 당신의 되고자 하는 모습이 될 것이다."
> 조지 크레인*George W. Crane*, 사회 심리학자이자 작가

그렇다면 이런 실험을 해보자. 누구라도 당신에게 "안녕하세요"라고 인사하면 그 사람이 직장동료든 상점의 점원이든 아주 활기차게 대답하는 것이다. 에너지와 열정, 자신감이 넘치는 목소리로 "네, 안녕하세요!", "오늘 날씨 정말

좋네요!"라고. 이렇게 대답하기 위해서는 자연히 당신이 미소를 띨 수밖에 없다. 그리고 그런 당신의 인사에 상대방 역시 미소로 대답할 수밖에 없을 것이다.

두번째로 당신의 몸 역시 생기 있는 에너지로 충만해지는 것을 느낄 것이다. 세번째로 당신이 건넨 힘찬 인사말은 곧바로 당신의 두뇌에 메시지를 보내, 말 그대로 멋지고 훌륭한 기분을 만들어줄 것이다. 활기찬 인사의 힘을 믿을 수 없는가? 혹은 이런 인사의 결과를 실제로 느끼고 싶은가? 그렇다면 활기차고 자신 있는 태도로 말을 하라. 물론 기계적으로 해서는 안 되며, 진정으로 열정을 가지고 실천해보라. 행동이 반복될수록 당신의 무의식은 당신에 어울리는 행동을 하기 시작할 것이고, 당신의 말과 생각에 어울리게 현실을 만들어갈 것이다.

또한 활기차게 이야기함으로써 당신 자신과 타인들로부터 최선의 것을 이끌어 낼 수 있는 헌신을 유도하고 자신이 내뱉은 말을 실천해야 겠다는 책임감을 이끌어낸다. 이제부터 당신이 할 일은 당신의 자신감을 없애는 말과 단어를 사용하지 않도록 의식적으로 노력하는 것이다. 당신의 희망을 꺾고 비참하게 만드는 언어는 에너지와 헌신적인 노력을 고갈시켜

다른 이들과의 상호작용을 힘들게 만들고, 나아가 당신의
행동까지 어렵게 만든다. 그러니 아래와 같은 부정적인 언
어는 당신의 사전에서 아예 삭제하길 바란다.

나는 할 수 없어.

만약 이랬으면 얼마나 좋을까.

의심하게 돼.

한번 해보지 뭐.

그렇게 생각하지 않아.

시간이 없어.

글쎄.

좀 걱정스러운데.

도저히 믿겨지지 않아.

그건 불가능해.

그러나 이런 부정적인 단어를 제거하는 것만으로 충분치
않다. 축구경기에서 이기기 위해 철통 같은 수비만으로는
부족하지 않은가? 상대의 골대를 흔들리게 할 정도로 강력
한 골도 필요한 법이다. 그러므로 당신은 당신만의 공격적
인 단어를 가지고 과감하게 앞으로 돌진해야 한다. **긍정적**

인 언어를 통해 사람들 사이의 긍정적인 유대관계, 자신에 대한 자신감과 자부심, 원하는 것을 얻기 위해 헌신하는 노력을 기울여라. 아래와 같은 말은 당신의 자신감을 키우는 데 도움이 될 것이다.

- 난 할 수 있어.
- 반드시 할 거야.
- 최선의 결과가 나올 거야.
- 최선을 다할 거야.
- 나는 방법을 알아.
- 시간을 엄수할 거야.
- 긍정적인 태도를 갖고 있어.
- 자신 있어.
- 나는 내 자신을 믿어.
- 불가능한 일이란 없지.

당신의 말 속에 담겨 있는 힘은 당신이 행동할 수 있는 원동력이 된다. 그러니 항상 활기차게 말하라. 그 말이 발휘하는 힘이 당신과 타인에게 최고의 결과를 가져다줄 것이다.

"하거나, 하지 않거나 둘 중 하나다. 한번 해본다는 것은 없다."

요다*Yoda*, 영화 스타워즈*Starwars* 속의 현자

올 바 른   질 문 을   하 라

당신이 던지는 질문에 제대로 된 해답을 얻고 싶은가? 이를 위한 가장 손쉽고 빠른 방법은 바로 질문을 바꾸는 것이다. 당신 자신에게 묻는 질문이든 타인에게 묻는 질문이든 같다. 아래와 같은 질문에 당신은 어떻게 대답해야 할지 생각해보라.

▶ 내가 만약 이 일을 망치면 어떻게 되지?

▶ 문제만 일으키는 이 직원을 어떻게 다루어야 하지?

◀ 이 어려운 상황을 어떻게 헤쳐나가지?

◀ 언제쯤 내가 갖고 싶은 차를 살 만큼 돈을 벌 수 있을까?

위와 같은 부정적인 질문에는 오직 부정적인 대답밖에 할 수 없을 것이다. 그러나 반대로 위와 같은 질문을 좀더 긍정

적이고 강력한 질문으로 바꾼다면 어떤 답을 할 수 있을지
생각해보라.

- 내가 이 일을 성공적으로 해결할 수 있는 최선의 방법은
  무엇일까?
- 이 직원이 성공할 수 있도록 돕기 위해서는 어떻게 해야
  할까?
- 이 상황에서 내가 할 수 있는 최선의 것들은 무엇이 있을
  까?
- 내가 원하는 차를 사기 위해서 여러 가지 방법이 있지
  않을까?

갖고 싶은 차가 있다면 제대로 된 질문을 던져보라. 당신
이 생각하고 있던 것 외에 반드시 대안이 떠오를 것이다. 똑
같은 차종을 사되 신차가 아닌 중고차를 고려해본다든가,
아니면 계약금을 내지 않는 할부구매를 찾아보거나, 6개월
동안 돈을 더 모은 다음 나머지 금액을 할부로 낼 수도 있을
것이다. 원하는 것을 얻을 수 있는 다양한 대안이 떠오를 것
이다.

자신이든 타인이든 질문을 던지는 방식을 바꾸어보라. 그러면 분명 제대로 된 해답을 얻게 될 것이다. **당신이 접하는 해결책의 힘은 당신이 던지는 질문의 힘에 직접적으로 비례한다.** 게다가 어떤 말을 선택하는가에 따라 상대방이 얼마만큼 당신에게 집중하고 이해하고 자극을 받는지도 확연히 달라질 것이다.

예를 들어, 마감이 코앞에 닥친 상황에서 관리자는 자신이 이끄는 팀원들에게 이렇게 물을 수 있다. "왜 이달의 목표를 못 채우는 거죠?" 그러면 사원들은 이유가 어떻든 자연스럽게 방어자세를 갖추고, 성과가 좋지 않다는 불안한 생각에 사로잡혀 결국에는 관리자의 요구를 만족시키지 못할 것이다. 그렇다면 질문을 바꾸어보자. "어때요, 이달 목표를 맞출 수 있을 거란 확신이 드나요?" 그제야 사원들은 자신이 팀의 목표를 완성하는 당사자라는 생각을 하고 더욱 업무에 참여하는 입장이 될 것이다. 단지 일을 잘 못해서 비난을 받는 기분과는 전혀 다를 것이다. 그리고 자신이 수행해야 할 목표에 더 집중해서 대안을 찾으려 여러 가지 아이디어를 찾을 것이다. 간단히 말해, 목표를 달성하기 위한 동기를 얻는 것이다.

당신이 되돌려 받게 될 대답의 힘은 당신이 던지는 질문의 힘에 비례한다. 직장이나 가정에서 당신이 던지는 질문을 통해 어떤 응답을 끌어낼 수 있을지 생각해보라. 그리고 스스로에게 물어라. "나와 다른 사람에게 최선의 응답을 얻어내기 위해서는 어떤 질문을 던져야 할까?" 현명한 질문에서 현명한 답이 나올 것이다.

"가르침을 주는 것은 해답이 아니라 질문이다."
데쿠베르_Decourverts_ 총서, 프랑스 갈리마르 출판사의 교양총서

당신의 언어를 조율하는 5분의 시작

당신의 회사, 가족, 친구 사이에서 커뮤니케이션을 할 때 가장 자주 듣고 보게 되는 말과 단어 5가지를 적어보라.

1. _____

2. _____

3. _____

4. _____

5. _____

위의 5가지 말과 단어가 당신의 회사, 가족, 친구 사이에서 어떤 점을 말하고 있는가?

_____

_____

_____

위의 5가지 말과 단어 대신에 대안으로 사용할 수 있는 긍정적인 단어에는 어떤 것들이 있을지 생각해보라.

1. _____

2. _____

3. _____
4. _____
5. _____

...

당신의 언어를 조율하라

1. 당신 자신을 칭찬하라.
2. 활기차게 이야기하라.
3. 올바른 질문을 하라.
...

"당신의 입이 어떤 방향으로 움직이느냐에 따라 당신의 하루가
움직인다."
익명

행 동 을 조 율 하 라

… 성 공 은 행 동 하 는 사 람 의 운 명

"만약 당신이 사건을 일어나도록 만들지 않는다면, 사건이 당신에게 일
어날 것이다."

베르길리우스*Vergilius*, 고대 로마의 시인

앞서 우리는 긍정적이고 강력한 언어가 어떻게 긍정적인 행동을 창조해내는가에 대해서 살펴보았다. 언어는 우리의 헌신을 반영한 것이고, 행동은 헌신에서 출발하기 때문이다. 이번 장에서는 우리의 헌신이 입증하는 태도, 즉 행동에 대해서 살펴볼 것이다.

인생은 우리가 어떤 행동을 하느냐에 따라 고스란히 그에 보답한다. 그리고 인생은 항상 자신의 행동을 긍정적으로 조율한 사람에게 가장 큰 상을 준다. 1990년, 아직 무명시절이었던 코미디언 짐 캐리*Jim Carrey*는 '영화 출연료'라는 명목으로 자기 자신에게 주는 10만 달러 수표를 썼다고 한다. 이 수표에 대한 짐 캐리의 설명을 들어보면, 꼭 그 정도의 거금을 벌겠다는 의미는 아니었다고 한다. 대신 그는 그 정도의 돈을 벌 수 있을 때가 된다면, 그때는 코미디언으로서 충분히 성장하여 최고의 배우와 스태프들과 함께 최고의 작품을 할 수 있을 거라고 확신하는 뜻이었다고 한다. 그 수표는 그가 유명해질 수 있도록 큰 용기를 주었고, 결국 꿈은 현실로 이뤄졌다. 짐 캐리의 그 이후 성공 이야기는 당신이 더욱 잘 알고 있을 것이다.

인생이 우리에게 주는 보상, 즉 사랑하는 사람과의 의미 있는 일, 경제적인 안정, 평화로운 휴식시간, 후세에 남겨줄 유산 등은 그런 보상을 받을 만한 행동을 하는 사람의 몫이다. 물론 인생은 말처럼 쉽지만은 않으며, 원하는 것을 열심히 쫓아간다 해도 얻을 수 없는 경우도 있다. 또한 최선을 다하지 않았을 때 내두를 수 있는 핑계거리도 찾으면 찾을수록 많다. 그러나 자신의 행동이 자신의 변명을 극복하도록 한 자에게 보상은 돌아간다.

어떤 경우, 우리의 행동은 겉으로 표현되지 못하고 의도에서만 그치기도 한다. 아마 주변에서 이런 말을 자주 들어보았을 것이다. "그녀가 우리 팀을 떠나기 전에 얼마나 중요한 존재인지 말하려고 했는데", "지난주에 자원봉사에 참가하려고 했는데", "지난 선거에는 꼭 투표하려고 했었는데", "나는 나대로 열심히 하려고 했는데" 등등. 진실은 이렇다. 사실은, 우리는 우리의 의도로 우리 자신을 판단하지만, 타인들은 우리의 행동에 따라 우리를 판단한다. 당신이 직접 표현하지 않으면, 그 누구도 당신의 선의를 눈치 채지 못한다.

행동 ▶   ▶ 결과

당신의 생각과 언어를 긍정적으로 조율하는 방법을 배우고 꾸준히 실천한다면, 그에 따라 당신의 헌신하는 마음도 변하고 행동 역시 그 말을 실현시키려는 방향으로 나아갈 것이다. 그리고 결국에 자신은 물론 타인에게서도 최선의 역량을 이끌어낼 수 있는 훌륭한 인격자가 될 것이다!

자, 그렇다면 이제 당신의 행동을 조율할 수 있는 3가지 방법을 살펴보자.

1. 바라는 것이 있는가?

　　먼저 다른 사람이 성공하도록 도와라.

2. 역경을 헤치고 나아가라.

3. 지속적으로 관계를 유지하라.

바 라 는 것 이   있 는 가 ?

먼 저   다 른   사 람 이   성 공 하 도 록   도 와 라

우리는 무언가 부족할 때 걱정을 하고, 집착하며, 끊임없이 그 채워지지 않는 부분에서 벗어나지 못한다. 걱정은 경

제적인 문제일 수도 있고, 남에게 인정받고자 하는 욕구일 수도 있고, 사랑받고자 하는 열망, 또는 새로운 도전거리나 성취감에 대한 목마름일 수도 있다. 이렇게 무엇인가 부족함을 느낄 때 우리는 더욱 자신의 부족함에 빠져들어 어떻게든 필요한 그것을 충족할 수 있기를 갈망한다. 그러나 이때 내면의 요구에만 집중하다가는 절망이라는 늪에 빠져 헤어날 수 없게 된다. 오래지 않아 갈증과 근심은 절망, 걱정으로 변해버리고 어느새 좌절감으로 소진되는 자신을 발견하게 된다. 이것이야말로 자기몰입의 악순환으로, 전혀 쓸모없는 에너지의 낭비일 뿐이다.

그러므로 앞으로 만약 뭔가 부족함을 느낄 때면, 먼저 자기 자신보다 다른 사람이 성공하도록 도와주라. 그리고 제대로 된 질문을 던져보라. "그 일이 내게 어떤 이익이 되는가?" 같은 잘못된 질문 대신 "그 일이 다른 사람에게 어떤 이익이 되는가?"라고 물어라. 말하자면, 당신 자신에게만 몰입하는 마음을 거두어 행동의 안테나를 다른 사람에게로 향하게 하라는 뜻이다. 바로 내가 부족한 것이 있는데 왜 남을 도우라고 하는지 궁금한가? 남에게 도움을 줌으로써 당신 역시 원하는 해결책을 얻을 수 있기 때문이다.

사는 게 힘들고 기운이 없는가? 그렇다면 병원에서 병을 앓고 있는 아이들을 방문하여 함께 놀아주거나, 혹은 멀리 떨어져 혼자 사는 친구를 찾아가 그의 기분을 즐겁게 해주어라. 일자리가 구해지지 않아 절망적인가? 그렇다면 직장을 구하는 다른 사람을 도와주어라. 그러면서 새로운 기회가 포착될 것이다. 만약 당신 자신으로부터 최고의 것을 이끌어 내기를 원한다면, 먼저 당신 자신의 최고의 것을 주어라.

다른 사람을 돕는 일은 나 자신의 욕구에만 초점이 맞춰져 있던 것을 내가 아닌 타인과 주변에게로 이동시키고, 뿐만 아니라 자신의 상황에 감사하는 마음까지 갖게 해준다. 자신의 상황에 감사하는 마음과 태도야말로 언제나 우리를 기운 나게 해주는 묘약이다. 그리고 여기에 또 하나 중요한 사실이 있다. **타인들의 욕구를 충족시키는 것은 우리의 참된 영혼을 보여주는 것이다. 그것은 우리의 긍정적인 인간 성품을 보여준다.**

그러나 여기에도 주의할 것이 있다. 남을 도와주면서 그에 상응하는 대가를 바란다면, 당신이 베푸는 친절은 친절이 아니라 단지 물물교환일 뿐이다. 다른 사람을 감동시키고 싶은가? 감동은 주고받는 것을 염두에 둘 때 나타나는 것이 아니라, 상대에게 바라는 것 없이 순수한 의도로 즐겁게 베풀 때 일어나는 것이다. 그러니 대가 없이 베푸는 사람이 되라. 당신은 돈과 물건을 맞바꾸는 장사꾼이 아니다.

마이크 하인스*Mike Haynes*라는 한 개인의 이야기는 자신의 욕구를 채우기 전에 남에게 베푸는 일을 실천함으로써 자신의 행동을 아름답게 조율한 훌륭한 사례다. 마이크가 대학에 다니던 시절, 절망에 빠진 어느 학생이 마구잡이로 총을 난사하였고 그는 우연찮게 그 자리에 있다가 부상을 당하고 말았다. 마이크는 곧장 병원으로 옮겨졌지만, 수술 도중 심장은 멈추고 말았다. 그의 어머니는 간절한 기도로 마이크가 다시 살아나길 기다리며 마이크의 침상을 밤낮으로 지켰다.

그리고 기적적으로 마이클은 생명을 되살리게 되었고, 결국에는 부상을 딛고 퇴원할 수 있을 정도로 건강이 좋아졌다. 그렇지만 그는 결국 장애를 갖게 됐다. 그때 마이크는 자신은 물론 다른 사람에게도 커다란 변화를 가져올 일생의 중대한 결심을 한다. 전공을 회계학에서 재활의학으로 바꾸고, 다른 장애가 있는 사람을 돕기로 한 것이다. 자신

역시 다른 사람의 도움을 필요로 하는 장애인이었지만, 현재 그는 자신처럼 남은 인생을 휠체어에 앉아서 생활해야 하는 수많은 사람들을 돕고 있다.

> "우리는 우리가 얻은 것으로 생계를 꾸려가지만, 우리는 우리가 베푼 것으로 삶을 영위한다."
>
> 윈스턴 처칠Winston Churchill, 영국의 총리이자 작가

웬만한 운동선수도 힘들다는 철인 삼종 경기를 지켜보다 보면, 당신은 어느 코스에서 뛰고 있는 마이크를 발견하게 될 지도 모른다. 그는 지금 야외에서 수영을 가르치고, 험난한 자전거 코스를 달리며, 역시 수월하지 않은 달리기를 지도하는 코치로도 활동하고 있다.

또한 마이크는 현재 테니스 선수로 활동하며 전미 대회에서 상위권에 랭크될 정도로 명성을 떨치고 있다. 그러나 그보다 더 중요한 사실은, 마이크의 열정이 그처럼 사고를 당했지만 재활하고자 하는 다른 사람들에게 큰 감동을 불러일으키고 있다는 점이다. 마이크는 장애인들에게 휠체어 농구, 배구 등을 가르치고 있고, 장애인 올림픽을 준비하는 운동선

수들까지도 지도하고 있다. 그 역시 다른 사람의 도움을 받으며 살아야 하는 상황이지만, 그는 의연하게 일어서서 다른 사람이 성공할 수 있도록 도움의 손길을 내밀고 있다.

당신이 지금 다른 사람에게 내미는 도움의 손길은 미래에 남기는 당신의 귀중한 유산이다. 남을 돕고자 하는 마음은 있지만 만약 어디서부터 시작해야 할지 모르겠다면 일단 당신의 가정, 혹은 직장을 둘러보자. 나보다 더 어려운 처지에 있는 사람은 늘 있기 마련이다. 만약 직장동료가 그의 아이가 참가하는 야구시합을 보러가야 하는 상황이라면, 기꺼이 그의 업무를 대신해주고 시합에 늦지 않도록 배려하라. 만약 옆집 이웃이 감기에 걸려 누워 있다는 소식을 듣는다면, 퇴근길에 맛있는 음식을 사서 병문안을 가보라. 만약 친구가 인간관계로 힘들어한다면, 그가 속마음을 속 시원히 털어놓을 수 있도록 기꺼이 시간을 함께 보내라. 신입사원이 새로운 직장에 적응하기 힘들어하는 것처럼 보이는가? 그렇다면 과거의 당신이 그랬던 것처럼 그의 입장이 되어 먼저 도움의 손길을 내밀어보라. **도움이란 베풀어 질 때까지는 도움이 결코 아니다. 그러므로 돕고자 하는 당신의 의도를 도움을 주는 행동들로 바꾸어라.**

역경을 헤치고 나아가라

어렵고 고달픈 상황은 TV 드라마 속에나 나오는 것이 아니다. 남들 보기에 항상 운이 좋아 보이는 사람조차도 나름의 역경을 겪기 마련이다. 갑자기 직장을 잃거나, 건강이 나빠지거나, 연인 또는 배우자와 이별을 하거나, 직장에서 나쁜 성과를 내거나, 경제적으로 위기에 처하거나, 사랑하는 사람을 잃는 고비를 겪기 마련이다. 어려움을 헤치고 나아가는 방법으로써 나는 '끊임없이 움직이라'고 힘주어 강조하고 싶다. 역경은 그 자체로 우리를 꼼짝달싹 못하게 마비시키는 기분 나쁜 힘이 있다. 그러므로 우리는 어떻게든 그 역경에 지지 말고 끊임없이 움직이려고 노력해야 한다. 그렇지 않으면 역경이 당신의 발목을 움켜잡고 한 발자국도 떼지 못하게 할 것이다. 어려움이 닥쳐오더라도 꿋꿋이 헤치고 앞으로 나아가기 위한 3가지 행동지침은 아래와 같다.

1. 남아 있는 것들을 상기하라

우리는 한 가지를 잃으면 모든 것을 잃은 것처럼 생각하기 쉽다. 그러나 모든 것을 한꺼번에 잃는 사람은 없다. 잃은 것이 무엇이고 또 변한 것은 무엇인지, 그리고 아직 남아 있는 것이 무엇인지를 분명하게 구별하라. 그리고 아직 남아 있는 것에 대해서 감사하는 마음을 표현하라. **감사하는 태도는 당신을 더 행복하고 더 쾌활한 사람으로 만든다.** 많은 연구자료들이 보여주듯이, 감사하는 태도는 늘 행복한 사람들에게서 찾아볼 수 있는 가장 공통적인 특징이다.

2. 터닝 포인트*turning point*를 러닝 포인트*learning point*로 바꾸라

터닝 포인트란 어려움이나 문제 때문에 기존의 상황이 완전히 바뀌는 경우를 말한다. 이런 시련의 시간을 새로 배우고, 성장하고, 재구축하는 배움의 기회이자 당신의 인격과 신념을 테스트할 수 있는 기회, 즉 러닝 포인트라고 생각하라.

3. 현재에 충실하면서 동시에 미래를 계획하라

지나간 과거에 대해 집착하지 말라. 그와 동시에 미래는 늘 더 나을 것이라는 치명적인 유혹에 현혹되지도 말라. 이에 대한 아름다운 시를 소개해주겠다.

어제는 역사(history),

내일은 신비(mistery),

오늘은 신이 주신 선물(gift),

그래서 우리는 현재(present)를 선물(present)이라고 부른다.

   1,000가지 이상의 발명품을 만들어낸 위대한 발명가 토마스 에디슨*Thomas Edison*은 어떤 상황에서도 최선의 것, 긍정적인 모습을 본 낙천가였다. 그가 겪은 수많은 역경은 오히려 또 다른 역경을 헤치고 나아갈 수 있도록 도와주는 절호의 기회였다. 에디슨이 백열등 필라멘트에 적합한 물질을 찾아내기까지 문자 그대로 1만 번의 실험을 거듭했다. 하지만 에디슨은 그 정도의 시도를 실패라고 생각하지 않았다. 왜냐하면 그는 실험이 실패할 때마다 무엇이 제대로 안 되었는지 그 이유를 밝혀내고 새로운 지식을 배워나갔기 때문이다. 이렇게 긍정적인 태도가 있었기에 그는 해결책에 한 걸음씩 더 가까이 다가갈 수 있었다. 에디슨은 자신이 백열등 필라멘트에 적합한 물질을 발견할 수 없을 것이라고 단 한 번도 의심하지 않았던 것이다.

> "그것은 당신이 원하는 것을 갖고 있는 것이 아니라, 당신이 이미 갖고 있는 것을 원하고 있는 것이다."
>
> 쉐릴 크로*Sheryl Crow*, 미국의 가수

에디슨의 나이가 60대 후반이 되었을 때, 미국 뉴저지*New Jersey* 주에 있던 그의 실험실은 세계적으로 유명한 곳이 되었다. 에디슨은 14층의 그 건물을 '발명 공장'이라고 불렀는데, 그도 그럴 것이 실험실의 크기만도 미식축구 경기장 3개가 들어갈 수 있을 정도로 넓은 곳이었기 때문이다. 그 건물 지하 실험실에서 에디슨과 그의 연구진들은 수백 가지의 아이디어를 떠올리고, 신제품을 고안하고, 실제 판매할 수 있는 제품을 제조하고, 최종적으로 소비자에게 전달되도록 차에 싣는 일까지 해냈다. 말하자면 에디슨의 발명공장은 그 당시 현대적인 과학연구와 대량생산이 어떻게 연계되고 진행되어야 하는지 보여주는 모범적인 사례였다.

에디슨은 그 발명공장을 아주 사랑했다. 그러나 1914년 12월 어느 날, 그토록 사랑하던 그의 연구실은 그만 화염에 휩싸이고 말았다. 밖에서 연구실이 타는 것을 보고 있던 그는 이렇게 이야기했다고 한다. "얘들아, 얼른 가서 엄마를 데려오너라. 이렇게 큰 불구경은 앞으로 보기 힘들 테니 말이다."

아마 다른 사람이라면 그런 믿기지 않는 상황에서 절망하고 무너졌을 것이다. 그러나 에디슨은 그러지 않았다. 에디슨은 비극적인 사건이 있은 후 이렇게 말했다. "이제 나는 67세요. 새로운 출발을 하기에 아주 늦은 나이도 아니지요. 여기까지 오는 데 이런 좌절은 수도 없이 겪었답니다." 그러고 나서 에디슨은 아무 일 없었다는 듯이 다시 실험실을 세우고, 그 후 무려 17년 동안 연구와 발명을 계속해나갔다. "아이디어는 아직도 넘쳐나는데 시간은 너무 짧군요. 딱 100살까지만 살고 싶은데 말예요." 그 사건이 있은 후 에디슨이 남긴 말이다.

에디슨처럼 어려움을 헤치고 앞으로 계속 나아가라. 그러면 당신은 성공으로 향하는 길을 누구보다 선명하게 볼 수 있을 것이다.

"하나의 행복의 문이 닫힐 때, 다른 행복의 문은 열린다. 그러나 종종 우리는 닫힌 문을 너무 오랫동안 쳐다보기 때문에 우리를 위해 이미 열려져 있는 문을 보지 못한다."
헬렌 켈러*Hellen keller*

지속적으로 관계를 유지하라

우리 인생의 질을 가늠하는 데 가장 중요한 요소 중 하나는 바로 건강한 인간관계일 것이다. 또한 우리 내면의 행복감과 만족감을 측정하는 중요한 척도이기도 하다. **우리의 관계는 우리가 최선을 다해 행동하고 최선을 다해 베푸는 삶의 현장이 되어야만 한다.** 신뢰를 쌓을 수 있는 건강한 인간관계는 절대 한 쪽의 노력으로만 이뤄지지 않는다. 두 사람이 서로 노력해야만 가능하다. 또한 한 쪽만 이익을 얻어서는 안되며 상호 간에 이익이 전제되어야 한다. 즉 서로가 서로에게 귀중한 무언가를 주고받아야 한다. 그렇지 않으면 관계는 오래가지 못한다.

사람들이 서로 연결되는 방식에는 여러 가지가 있을 수 있다. 일을 하면서 맺은 직업적인 관계에서부터 개인적인 관심사를 공유하는 관계까지 다양한 통로가 있다. 물론 이 모든 관계가 다 중요하겠지만, 그중에서 강한 유대감으로 뭉쳐진 몇 개의 관계와 사람들만이 우리의 행동을 긍정적으로 조율하는 데 결정적인 역할을 하기 마련이다.

이렇게 강한 유대감으로 맺어진 관계를 지속시킬 수 있는 최고의 방법은 바로 당신 자신만의 'BEST 팀'을 결성하라는 것이다. 'BEST 팀'이란 성공과 진실을 담보하는 친구들(Buddies who Ensure Success and Truth)을 말한다. 성공을 향해 치열하게 달리더라도, 가끔은 달려온 길을 차분히 돌아보고 반추하는 시간을 가져라. 그리고 당신에게 영향을 미친 소중한 사람, 또는 당신이 영향을 준 사람에 대해서 생각해보라.

관계를 맺고 싶은 사람을 선택할 때는 현명하게 생각하라. 그 사람들이 당신의 긍정적인 행동을 조율하는 데 필요한 긍정적인 에너지, 진실, 미래에 대한 전망을 제시해줄 수 있는지 곰곰이 생각해보라. 귀중한 인간관계를 발전시켜나가는 데는 시간이 가장 중요하다. 그러므로 욕심을 부리지 말고 작게 시작하라. 그리고 시간을 들여 천천히 당신만의 최고의 팀을 만들어나가라. 중요한 것은 그들과 늘 긴밀한 관계를 유지하는 것이다. 개인적으로든, 아니면 다른 사람과 함께든 지속적이고 꾸준하게 관계를 유지해나가라.

이런 호혜적인 관계를 통해 우리는 누군가에게 도움을 주는 스승이 되거나 또는 도움을 받는 제자가 될 수 있다. 어떤 역할이든 우리는 우리의 성공을 후원해줄 사람이 필요하다. 그런 의미에서 당신 최고의 팀은 당신에게 아래와 같은 도움을 줄 것이다.

- 어려움을 헤치고 앞으로 나아가도록 도와준다. 그들은 당신이 어려운 상황에 빠졌을 때도 행동을 조율하는 3가지 방법을 실천할 수 있도록 돕는 든든한 조력자가 될 것이다.

- 당신 자신을 냉철히 판단하도록 도와준다. 그들은 늘 진실 되고, 건설적인 의견을 들려줌으로써 당신이 현실적인 안목과 신념을 가질 수 있도록 도와줄 것이다.

- 당신의 생각과 언어, 행동이 바로 당신의 목적과 부합된다는 것을 확인시켜 준다.

- 당신에게 도움을 요청함으로써 당신이 다른 사람을 도울 수 있게 해준다. '다른 사람을 가르치다보면, 어느새 우리 자신을 가르치게 된다' 는 말처럼 당신이 성장할 수 있는 기회를 제공한다.

- 집이나 회사에서 받을 수 있는 부정적인 정보에 저항하도록 도와준다.

- 갈등관계에 빠졌을 때 해결하는 법을 연습하게 해준다.

더 넓은 인간관계에서 난관에 빠졌을 때도 문제를 쉽게 해결하게 된다.

당신에게 있어 최고의 팀은 당신이 늘 주변 사람들과 좋은 관계를 유지하고 있으며 당신의 행동을 긍정적으로 조율하고 있다는 강한 확신을 심어줄 것이다.

"당신이 마음이 언짢은 상태에 있을 때, 당신의 마음을 언짢은 이웃으로 생각하고, 혼자 그곳에 들어가지는 마라."
익명

당신의 행동을 조율하는 5분의 시작

지금 당장 당신에게 필요한 것이 무엇인지 하나만 써보아라.

_____

이제, 당신보다 더 큰 도움을 필요로 하는 사람이 누구인지
살펴보라.

_____

그 사람에게 당신이 줄 수 있는 조그만 도움이 있다면 무엇
이 있을까?

_____

당신은 언제 그 사람에게 도움을 줄 것인가?

_____

마지막으로, 그를 돕고 난 후 어떤 기분이 들 것이라 생각하
는가?

_____

...

행동을 조율하라

1. 바라는 것이 있는가?

   먼저 다른 사람이 성공하도록 도와라.

2. 역경을 헤치고 나아가라.

3. 지속적으로 관계를 유지하라.

...

"아무리 멋진 꿈을 꾸어도, 잠에서 깨어나 그 꿈을 실현하기 위해
일하기 전까지는 그저 꿈일 뿐이다."
익명

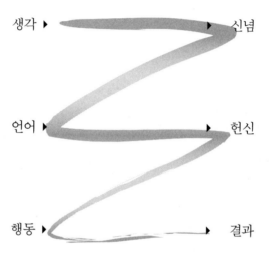

생각 ▶　　　　　　　▶ 신념

언어 ▶　　　　　　　▶ 헌신

행동 ▶　　　　　　　▶ 결과

삶의 태도를 아름답게 조율하는 시작

긍정적인 태도로 채워진 삶은 또한 긍정적인 영향으로 채워진다.

당신의 태도를 긍정적으로 조율하여 당신 자신과 다른 사람에게서 최상의 능력을 끌어내라.

당신의 선택	조율에 필요한 3가지 방법
생각	1. 당신의 관점을 선택하라. 2. 당신의 초점을 점검하라. 3. 당신에게 투입되는 것들을 통제하라.
언어	1. 당신 자신을 칭찬하라. 2. 활기차게 이야기하라. 3. 올바른 질문을 하라.
행동	1. 바라는 것이 있는가? 먼저 다른 사람이 성공하도록 도와라. 2. 역경을 헤치고 나아가라. 3. 지속적으로 관계를 유지하라.

당신은 항상 당신의 감정을 통제할 수는 없다. 그러나 당신의 생각, 언어, 행동은 통제할 수 있다.

사 소 한 ' 한 가 지 ' 의 힘

우리 자신과 다른 사람에게서 최선의 능력을 이끌어내는 것은 모두 **한 가지 생각, 한 마디 말, 한 가지 행동**으로부터 시작된다.

이 '한 가지'는 당신의 태도를 조율하는 첫번째 시작이 된 다. 음악의 경우를 생각해보자. 곡을 완성하기 위해서는 단 하나의 음표로는 턱없이 부족하다. 그러나 우리의 태도를 조 율하는 단 하나의 시작은 의미 없는 것이 아니다. 그것은 가 장 중요한 출발점이자 시작, 바로 '단 한 가지'인 것이다.

당신의 생각, 언어, 행동은 낱낱의 음표이지만, 음표들이 모여 당신이라는 단 한 사람에게 놀라운 변화를 가져다주는 창조적인 음악을 연주하고 있다. 이 음표가 만드는 하나 된 힘을 원하는가? 그렇다면 아래와 같이 실천해보라.

➤ 부정적인 생각이 들면 의식적으로 긍정적인 생각으로 바꾸어라.
➤ 매일 아침마다 감사하는 일 한 가지를 떠올려라.

◀ 친구가 당신에게 안부를 물으면, 밝게 웃으며 "최고야!" 라고 대답하라.

◀ 미래에 대해 늘 최선의 상황을 상상하라.

◀ 어려움이 닥쳐도 계속해서 앞으로 나아가라.

◀ 당신이 누군가의 도움을 필요로 할 때, 도움이 필요한 친구와 동료를 도와주라.

많은 사람들이 선거 때만 되면 '내 한 표쯤이야' 라고 생각하며 사소한 것으로 여기기 쉽다. 자신이 던지는 한 표가 무슨 큰 차이를 만들어낼지 심각하게 생각하지 않는다. 하지만 2000년도에 있었던 미국 대통령 선거를 떠올려보라. 유력한 두 후보였던 조지 W. 부시*George W Bush*와 앨 고어 *Al gore* 사이의 아주 근소한 표 차이가 두 사람의 운명을 결정지었다. 사소하고 작은 행동처럼 보이더라도 결국엔 큰 차이를 만들어낼 수 있다. 연못에 작은 돌멩이 하나를 던졌을 때 생긴 잔물결이 수십 미터를 뻗어나가듯이, 당신의 작은 행동 하나가 여러 사람에게 영향을 미치기 마련이다.

수잔 코멘*Susan Komen*의 사례는 '단 하나' 의 힘이 얼마나 큰 위력을 발휘하는지를 잘 보여준다. 1978년 수잔이 유방암 진단을 받았을 때만 하더라도, 유방암의 원인과 치료 방법이 제대로 알려지지 않았다. 심지어 사람들이 유방암이라는 질병을 공공연하게 논의하는 일도 없었다. 수잔이 36세의 나이로 숨을 거두기 전, 그녀는 동생 낸시에게 유방암을 퇴치하는 데 모든 노력을 다해달라고 부탁했다.

그 당시 낸시는 자기 혼자서 어떻게 언니의 유언을 현실로 옮길 수 있을지 확신할 수 없었지만, 항상 가슴속에 언니와의 약속을 담고 있었다. 1982년, 낸시는 불과 현금 200달러와 유방암 퇴치운동에 동의한 사람들의 서명이 가득 든 신발 상자 하나로 '수잔 G. 코멘 유방암 재단'을 창설했다.

1983년, 수잔 G. 코멘 유방암 재단 주최 제1회 '유방암 환자 치료를 위한 마라톤 대회'가 열렸다. 800명의 사람들이 참가했고 수백만 달러의 기금을 모아졌다. 그리고 이 마라톤 대회는 해가 거듭될수록 규모가 커지고 뜻을 같이 하는 사람이 늘어나 2003년에 무려 20회를 맞이하게 됐다. 이 20회 행사에는 미국 전역에서 같은 날 112개의 마라톤 대회가 열렸고, 미국을 넘어 해외에서도 2개의 마라톤 대회가 열렸다. 대회에 참가한 사람들의 수만 해도 150만 명이 넘을 정도였고, 8천 8백만 달러의 기금을 모았다. 현재 이 재단은 유방암의 연구와 예방교육, 검사, 치료를 위해서 활약하고 있다.

비록 처음에는 한 사람의 유언에서 시작했지만, 이제 수 잔 G. 코멘 유방암 재단은 유방암을 퇴치하기 위해 수억만 달러의 기금을 모으고 유방암과 맞서 싸우는 전세계적인 리 더가 되었다. 전세계인을 위한 이러한 선행의 시작은 한 사 람의 부탁을 받은 또 다른 한 사람의 한 가지 행동으로부터 시작된 것이다.

모든 위대한 것들은 하나의 작은 것에서 시작한다.

인생은 연습 없는 연주회

음악과 인생에는 공통점도 많지만 다른 점도 많다. 우리가 인생이라고 부르는 이 공연에는 예행연습이란 없다. **인생이 라는 곡을 연주하는 단 한 번의 기회만 있을 뿐이다.** 그 어느 누 구도 단 한 번에 완벽한 연주를 하는 사람은 없다. 한 두 개 의 음표를 잊어버리는 실수는 누구나 저지르기 마련이다. 그러나 우리는 쉬지 않고 배우고, 성장하고 또 개선하는 걸

멈추어서는 안 된다. 각자 최선을 다하려고 노력하는 과정 자체가 목표보다 더 중요하며, 그 과정이야말로 인생이 아닌가.

살면서 당신의 연주를 평가하는 수많은 비평가들을 만날 것이다. 그들이 당신에게 혹독한 평가를 내린다고 해서 더 멋진 연주를 하려는 노력을 포기해서는 안 된다. 기억하라. 당신은 당신의 태도를 조율할 수 있는 단 한 사람의 지휘자라는 것을.

몸집이 크고 윙윙 소리를 내며 날아다니는 뒝벌은 사실 결코 날 수 없는 형태의 벌이라고 한다. 과학적인 분석에 따르면 뒝벌은 날개의 폭에 비해서 그 크기, 무게, 몸의 형태가 너무 커서 절대 비행이 불가능한 곤충이다. 하지만 이러한 부정적인 과학적 연구결과는 아랑곳 하지 않고, 오늘도 뒝벌은 부지런히 날아다니며 꿀을 모은다. 이처럼 당신의 앞길을 방해하는 부정적인 정보와 의견은 과감히 무시하고 그 자리를 긍정적인 정보로 채워라. 그렇게 하면, 그 누구도 이제껏 가능하다고 생각하지 못한 일을 당신이 성취하게 될 것이다!

오늘 당장 인생이라는 당신의 곡에서 첫번째 음표를 연주하라! 더욱더 긍정적이고 힘이 넘치는 삶의 태도로 연주를 시작하라. 사람의 태도는 하루아침에 변하지 않는다. 그리고 우연히 변하는 것도 아니다. 언제나 당신의 꾸준하고도 의도적인 노력이 전제되어야 한다. 그러므로 당신의 태도를 변화시킬 수 있는 방법을 배우고 연습해라. 그러면 당신은 아래와 같은 능력을 지닌 사람이 될 것이다.

- 당신 팀의 창조적인 문제해결 역량을 확대시킨다.
- 더욱 신뢰할 수 있는 인간관계를 구축한다.
- 당신의 가계 수입을 높인다.
- 두려움을 극복한다.
- 도움이 필요한 청소년을 위해 그들에게 도움이 되는 순간을 만들어낸다.
- 당신의 공동체를 더욱 안전하게 만든다.
- 분투하고 있는 팀원의 자신감을 고취시킨다.

헬렌 켈러는 태어나서 7년 동안 빛과 소리가 차단된 세계에 갇혀 살았다. 다른 사람과의 상호작용이란 거의 불가능했다. 그러고 나서 헬렌 켈러는 그녀의 최고의 팀인 앤 설리반

Anne Sullivan 선생님과 주변 사람의 도움을 받고, 침묵만이 존재하는 세계에서 빠져나와 비로소 진짜 현실세계를 접할 수 있게 됐다. 날 수 없다는 부정적인 정보를 무시한 뒹벌처럼, 헬런 켈러는 자신의 오감의 한계를 잊고 마침내 대학까지 졸업하게 되었다. 그녀는 여기서 멈추지 않고 작가가 되었고 여기저기서 찾는 유명한 강연자가 되었으며 전 세계의 사람들에게 삶의 귀감이 되었다. 사물을 볼 수도, 말을 할 수도, 소리를 들을 수도 없는 장애자가 무엇을 할 수 있겠냐고 생각하는 사람들에게, 그녀는 어떤 극한의 상황에서도 희망이 존재한다는 산 증인이다.

이것이 바로 긍정적인 태도와 긍정적인 영향으로 가득찬 인생이라는 공연의 현장이다. 바로 우리 모두가 원하는 성공적인 삶인 것이다. 한 번에 한 음표씩, 한 번에 한 방법으로 당신의 삶의 태도를 아름답게 조율하고 연주하라. 그러면 머잖아 당신 자신은 물론 다른 사람에게서 최고로 아름다운 화음을 이끌어내는 훌륭한 지휘자가 될 것이다!

ORCHESTRATING
ATTITUDE

For success

I will...

본 도서의 영어 원문을 실어드립니다.

하루하루 긍정적으로 변해가는 태도와 함께 영어 학습의 기회를 잡으

시길 바랍니다.

Your Attitude
Reflects your past,
Describes your present and
Predicts your future.

orchestrate

verb

To arrange or control the elements of;
as to achieve a desired overall effect.

CONTENTS

"Everything can be taken from a person but one thing: the last of human freedoms—choose one's attitude in any given set of circumstances, to choose one's own way."
Viktor E. Frankl, Psychologist and Holocaust Survivor

INTRODUCTION

How do you measure success? Is it by financial security, career growth, community involvement, quality of relationships, spiritual centeredness or the legacy you leave? Whichever measure you choose, your attitude is the single most important factor in achieving success.

The topic of attitude can be conceptual and confusing. In fact, as we go through life we often hear phrases like: "keep your chin up," "look on the bright side" or "you need a winning attitude." Unfortunately, we seldom know how to convert these soft sayings into hard results.

This book translates the incomprehensible into the actionable. It is intended to provide you with inspiration and application, so you can orchestrate your attitude ⋯ and your success.

The great news is that even in the worst situations — a victim of a natural disaster, prisoner of war, target of abuse or when hit by a string of unfortunate circumstances — **your attitude is something you can always control!**

When we control our attitude, we influence how our body responds and performs. Where our thoughts and attitudes go, our bodies follow. For example, blushing is a physical reaction to a mere thought. If we have this kind of reaction to a thought, is it such a leap of faith to believe that we can orchestrate our attitudes to affect our bodies in beneficial ways?

In fact, a positive attitude can buffer us against some adverse health effects and depression. Researchers who studied 839 patients over a 30-year period found a link between optimism and lower risk of early death. Specifically, optimism early in life predicts good health later in life.

Additionally, a landmark study shed light on the ultimate benefit of a positive attitude. In this particular study, **participants who were more positive lived an average of 10 years longer than the other participants.** Considering that smoking has been shown to reduce life expectancy by 5.5 years for men and 7 years for women, your attitude might be a health risk factor worth paying real attention to.

The choice of attitude is yours. So read on and choose to get the best from yourself and others!

Tomorrow you will become what you choose today.

ASPECTS OF ATTITUDE

You are the conductor of your own attitude! Nobody else can compose your thoughts for you.

ASPECTS OF ATTITUDE

Attitude:
concept or concrete?

Have you ever thought about what makes you say things like: "that guy has a great attitude" or "boy, her attitude is really killing the team?" How do you know if someone's attitude is great or crummy? When most of us hear the word "attitude" we think of a fuzzy concept that somehow makes us happy, sad, content or frustrated.

It is difficult to measure and manage a concept. However, it's easier to manage and measure behavior. That's why I will use a broad **definition of attitude: a relatively stable and enduring way to behave.** This definition and the following explanation are designed to help you get your mind around the concept of attitude. If we can translate a concept like attitude into concrete behaviors, we can more easily manage and measure — orchestrate — our attitudes.

How Do Attitudes Develop?

Our attitudes develop from repeatedly thinking,

speaking and acting the same way, over and over, until it becomes a stable and enduring way we behave — a habit. Although we can hear and see our attitudes in the words and actions we choose, attitudes start developing with our thoughts.

Our minds are our ultimate personal computers! What we program into them determines how they will function. The most powerful computer ever made, programmed with the wrong software or bad data, will never function to its capacity. For instance, just as we have viruses (bad data) in today's cyberworld that cause computer malfunctions, our mental computers are also susceptible to the data we put into them. If we choose to load them with bad data, it will limit how effective or successful we will be.

Our attitude is our personal boomerang to the world—whatever we throw out will come back to us. Express enthusiasm and it comes back. Offer a smile and it is returned. Start to gossip and that's what we will hear. Get frustrated about a team member and that's what we will see. Help a colleague and we will find a helping hand. This boomerang effect holds true for our thoughts about money, relationships, self-worth, a performance goal, team building, a problem colleague or customer, a new project or career.

So, once we develop a habit of choosing a positive or negative attitude, that is exactly what we will send to and receive from the world.

Choice:
Reaction or Response?

The power of choice is one of the greatest gifts we are given. In fact, it is so important that the privilege of choice is removed from prison inmates as a form of punishment. Although we make many choices every hour of the day, we rarely make neutral choices. Each choice has a positive or negative consequence for us at some level.

Our attitude toward life is the most important choice we make! Let's look at why such a simple choice — embracing a positive or negative attitude — is more challenging than it appears for many people. The bottom line is that we often forget we have the power to choose. We relinquish it subconsciously, because we make thousands of decisions daily — about 95% of them are subconscious.

Just think of the last time you were in deep thought about your plans for the evening while driving home from work. As you pull into your driveway you wonder to yourself, "How did I get home?" The car seemed to practically drive itself home. Driving is a relatively complex task, requiring many choices along the way — turn right, turn left, slow down, stop and change lanes. Still, driving home can be successfully performed almost subconsciously. So, consider the multitude of much smaller choices we make each day that we don't really think about: waking up, brushing our teeth, saying "good morning" to a colleague, eating our lunch, performing a repetitive job duty and so on. Subconscious actions are useful most of the time, but we must also consciously choose our attitude in order to control our results.

Our ability to choose is a gift, but it is also a huge responsibility. No matter what today's "it's not my fault" culture encourages, we are all ultimately responsible for our own choices. In fact, I like to write the word "responsibility" as response-ability. As humans, we have the unique ability to respond. It is a choice we make, although many times an instantaneous or subconscious choice.

Here's a scenario repeated daily. Family dinners are

important at the Smith house. Jim and Jane Smith and their two children (Jonnie, age 3, and Janie, age 4) have just seated themselves at the table. Before the first bite of dinner is enjoyed, Jonnie spills his milk, and it goes everywhere.

A reaction to this event: "Not again, Jonnie! Every time we eat, this happens. Think, son, think! Do you want to eat in your room from now on?"

A response to this event: "Uh-oh, Jonnie. Let's get a sponge and clean this up so you can eat your dinner."

When you react, you make a purely emotional and subconscious decision. Often, because of how your experiences and prior choices have programmed your subconscious mind, your reactions do not help you achieve the best results.

On the other hand, when you respond to a situation,

you make a constructive and conscious decision. That's why there are Emergency Response Teams not Emergency Reaction Teams:

- When you simply react, your emotional instinct is in control with little thought of the long-range consequences.
- When you respond, your brain is fully engaged and your self-awareness is high. You have the long-term consequences in mind.

We all experience plenty of negative situations and people. The key is to be prepared to consciously respond to these negative inputs. Choosing to respond, instead of react, helps us positively orchestrate our attitudes⋯ and our lives.

A Script for Orchestrating Attitude

There are three aspects of the script that work in concert: thoughts, words and actions. By orchestrating each aspect with conscious responses, we positively influence our beliefs, commitments and results.

Orchestrate your ⋯	to positively influence ⋯
Thoughts	Beliefs
Words	Commitments
Actions	Results

The script plays out like this:

- **Thoughts**, the way we choose to interpret our world, directly influence our beliefs.
- **Beliefs** directly influence the words we choose to speak to others and, more importantly, to ourselves.
- **Words** reflect our commitments to ourselves and

others.

▸ **Commitments** influence our choice of actions.

▸ Finally, our **actions** directly influence the **results** we achieve.

This script is self-reinforcing, for better or for worse. The results we achieve reinforce our thoughts, and the same script is played out again. So, it all starts with our thoughts. **Our thoughts today influence our results tomorrow.**

The left side of the script is the side of choice. Each of us chooses our thoughts, words and actions either consciously or subconsciously. Therefore, **we influence the right side of the script—the side of responsibility.** We must take responsibility for our beliefs, commitments and results. We are each responsible for the choices we make and the results we ultimately achieve. The ultimate choice is ours—victim or victor?

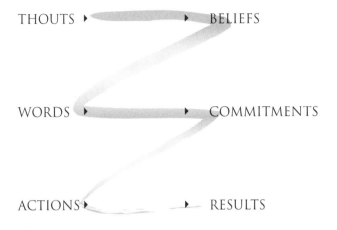

THOUTS ▸ ▸ BELIEFS

WORDS ▸ ▸ COMMITMENTS

ACTIONS ▸ ▸ RESULTS

To illustrate how this script plays out, let's say I am given a new project to lead. I am confident that the prospects for this project are positive. Therefore, I start thinking about how to ensure its success and how I can measure the benefits of the project deliverables. I also think about my talented project team, knowing they will need to go above and beyond to achieve success on this project. My kick-off e-mail contains words like "excited," "opportunity," "talented team," "creative solutions" and "positive impact." My team members speak and react in kind, "boomeranging" my winning attitude back to me. Meetings are crisp, roles are clearly defined and decisions are made colla-boratively, yet quickly.

The expected challenges, even the seemingly big ones, are handled professionally and swiftly because the team knows that failure is not an option, and there are many pathways to success. My thoughts and words have already predisposed the team to acting in alignment with my expectation of success. And our eventual success predisposes me to the same thoughts, words and actions on the next project. This is when the powerful, self-reinforcing script will be played again.

Orchestrating attitude creates a beautiful human symphony. The result is a person of integrity who gets the best from himself and others.

Let's take a closer look at each aspect of the script in more detail.

"The greatest discovery of my generation is that human beings can alter their lives by altering their attitudes of mind."
—William James

For success I will...

ORCHESTRATING YOUR
THOUGHTS

Your own beliefs have a much greater impact on your results
than anyone else's beliefs.

Our thoughts and beliefs have incredible power to shape our lives and the lives of others. Unfortunately, life is not fair. We don't always get what we deserve. The good news is that **we receive what we believe in life.** This law of life works just as powerfully with negative thoughts as it does with positive thoughts.

Some people ask, "How can I be positive all the time when negative situations are a reality—they just show up in every day life?" This is absolutely not true. Yes, bad things do happen, and they sometimes "just show up." However, **it is our interpretations that make a situation negative.** A situation doesn't drag us down; the way we think about it does.

Like it or not, your thoughts and interpretations of circumstances directly influence your beliefs and, ultimately, your actions. Henry Ford said, "Whether you think you can or cannot, you're right." In other words, **what you think is what you get.**

The great news is that YOU are in control of what you think! No one else on earth has this power unless you give it away. You are the conductor of your own thoughts.

THOUTS ▸ ▸ BELIEFS

Let's take a look at three instruments for orchest-rating your thoughts ⋯ and think about them!

1. Choose your view.
2. Check your focus.
3. Control your input.

Choose Your View

Our experiences are much less important than how we choose to think about them. The way we interpret our experiences shapes our beliefs about the past. Furthermore, our interpretations either limit or enable our future success. For example, a mission-critical project you are leading has "promotion" written all over it, but it bombs — it's over budget, past its deadline··· the works. How you choose to interpret those facts can shape your future. Are you a failure, a poor leader who is maxed out and on her way out? Or, are you a great leader in the making who is learning some tough lessons that will help ensure success on the next project when your true colors will show? Facts are facts, but the view you take is your choice.

Think the best ALL the time. What's the harm? If you choose to protect yourself from disappointment by always thinking the worst, you have also chosen disappointment as the filter through which you view all things and people⋯ and that's just what you will get. On the other hand, you can choose to think the best all the time. Sure, you might be disappointed occasionally, but most of the time, you will be programming your mind and others to achieve their best.

If you find yourself having a negative thought, say "STOP!" out loud, and replace it with a positive thought. Saying "STOP!" out loud is important so you can actually hear yourself controlling your own thinking. Let's see how it works.

A friend told me about a situation that used to drive him crazy. He would drive home after a hard day through rush hour traffic and find the driveway to his garage impassable, blocked by his children's bicycles and toys. He reacted something like this: "These kids have no sense of responsibility. They never pick up after themselves, and it's a hassle for me to move their junk just to get in the driveway."

Then he said, "STOP!" out loud. He decided to choose a more positive view, and he responded with, "My kids are still kids. It looks like they had a great time today. Boy, how time flies⋯ I had better seize the moment with my kids."

Sure, the driveway still looked like a yard sale after a wind storm, and his children did not put their toys away. **Nothing changed except his interpretation of the facts.** He substituted gratitude for anger and changed his mind for good.

The same opportunity to choose our view presents itself many times daily.

I recently experienced such an opportunity. I was running late for a 5:55 p.m. flight to give a speech. I parked my car in the expensive infield parking to save time. I bolted through the parking lot and sprinted into the terminal. Then, I came to a complete halt at the security check point. I finally got through security with only 10 minutes until departure time. I sped up to a slow sprint as I weaved my way through people and courtesy carts. I passed my favorite frozen yogurt stand (oh, the price of running late!) and burst up to the gate to be greeted by a sign reading, "Flight 619 to Vail Departs 8:55 p.m." Delayed three hours?!

I felt my blood pressure rising and a desire to react to the nearest gate agent. Fortunately, I caught myself and literally said, "STOP!" (Okay, it was not quite that loud, but certainly audible enough to turn a few curious heads.) But, that's all I needed to prevent an unproductive reaction. Instead, I responded by grabbing a newspaper to catch up on the day's news, read a chapter of a book I had brought along and even wrote a little of the book you are reading. Then, I made a few phones calls to reconnect with some friends and checked in with my mother in Florida.

A few minutes later, I saw in my periphery a well-dressed man doing the same high-speed approach to the gate. He threw his briefcase on the counter and said, "Did the plane leave yet?" The agent pointed to the sign behind her and said, "No, I am sorry, sir. It has been delayed." He reacted by barking out, "I am a Platinum level member in your frequent flier program! Let me talk to your supervisor!" He proceeded to berate the supervisor, make ridiculous demands, make calls on his cell phone and treat the people on the other end of the calls rudely. His tantrum went on and on with the same apparent lack of results. I lost interest once he started repeating his routine. Well, guess what time the plane left? Right, 8:55 p.m., still three hours late.

> When you change the way you look at things, things change the way they look.

The facts of both our situations were the same, but this man boarded the plane still fuming. I'm glad that I did not have to sit next to him! Not only was he late, but he had also spent three hours unproductively. I had a bounce in my step because I chose to do some writing, read a bit and catch up with people who were important to me. The bottom line was that I chose my view and was getting the best of myself, while this gentleman was letting the situation get the best of him.

Choose a positive, productive view. Create your view inside-out by starting with your thoughts. Don't let your circumstances obstruct your view. When you choose your view, you will always have a clear line of sight to being your best.

Check Your Focus

The things we focus on create a magnet for our lives. Focus on opportunities and doors seem to open. Focus on problems, and obstacles are plentiful.

Have you ever wondered why some people seem to have all the luck? Maybe you are one of the "lucky" ones. In general, "lucky" people get the best of themselves and others by focusing on:

Forgiveness vs. Anger

Others vs. Self

Opportunities vs. Problems

Gratitude vs. Envy

Abundance vs. Scarcity

Today vs. Yesterday

Building up vs. Breaking down

Humor vs. Drama

Controllable things vs. Uncontrollable things

Giving vs. Taking

The more you focus on the "positive side of life," the more you will attract these things. Focus on forgiveness and you will find the world forgiving. Focus on the comedy life offers and your life will be full of laughs. On the other hand, focus on the drama life offers and your life will be a soap opera.

The truth is that being "lucky" doesn't have much to do with luck at all. **The most successful people create their own luck by constantly checking their focus.** They appear lucky because their focus has put them in the right place to make good things happen. In other words, luck is 90% preparation and 10% opportunity.

Looking at how you spend your time, money and energy is a foolproof way to check your focus. **Time, money and energy are precious resources—your precious resources.** They are finite. When you spend them in one place, you cannot spend them someplace else. To check your focus, look at how you spend your time, money and energy. Is it mostly on the right- or left-hand column on the prior page? Your answer will tell you if luck is in your future.

Control Your Input

Remember, your mind is your ultimate personal computer. Like your laptop at home, sometimes you might forget to turn on your mental virus protection program, allowing negative thoughts to invade your mind—without you realizing it. So, the computer adage "Garbage in, garbage out" as it applies to your mind should really be "Garbage in, garbage stays."

> "Nothing in life is so hard that you can't make it easier by the way you take it."
> —Ellen Glasgow

Your mind never sleeps. You can't pull a "fast one" on it. **Whatever your mind hears from others, and especially from you, it records and stores.** The mind doesn't discriminate between input that is good for you or harmful to you — it collects all input. If you hear something often enough, you will tend to believe it and act upon it. Your mind can be your greatest ally or worst enemy. Seek positive input and you will improve your chances of producing positive output.

We draw into our lives that which we constantly think about — good or bad. If you are obsessing about what your boss will do if you make a mistake, then guess what's likely to happen? If you are always thinking about why you can't seem to get a break, or when the next shoe will drop in your relationship, or what will happen if you can't afford to pay for your car repairs, or why you don't get as much recognition as your colleague, then you are programming your mind (and those around you) to turn these thoughts into your reality. Negative thoughts are landmines along the pathway to being your best. Remember to scan for and delete negative input regularly.

Fred Smith was a student at Yale when he submitted a paper about the impact of a computerized society and the changes he envisioned for traditional distribution and delivery systems. Smith's professor returned the paper commenting, "The concept is interesting and well-formed, but in order to earn better than a 'C', the idea must be feasible." Just five years later, Smith figured out a way to make it feasible and named his company Federal Express. He controlled the input from his professor and others and chose to seek out more positive input.

Consider three of the most common influences that can program us daily. They have the potential for a positive or negative impact on our thoughts and, ultimately, our results.

1. Television : Studies show that the subconscious mind is most receptive five minutes before we doze off at night, a common time for watching the news. Unfortunately, much of the news today shows the worst side of people and the world. When you hear a news story, remind yourself that it's considered news because it is unusual. Doing so will help you balance potentially negative input with more uplifting thoughts. So how can you remain well-informed and maintain a positive outlook?

Monitor what you watch. Make the choice to watch programs that are more educational, artistic, spiritual or sports and comedy oriented. These types of programs stimulate positive thoughts.

2. Newspapers : Many people, particularly in the business world, start their day with the newspaper. Whether it's a glimpse at the headlines or a front to back reading, there is plenty of positive and negative news to read. Before you dive into the daily newspaper or on-line news portal, take a quick inventory of all the things you have to be grateful for. Additionally, make it a habit to **finish your reading with an inspiring story** so your mind is primed for a positive day.

3. **Other people** : Make the choice to surround yourself with people who offer positive input. There will always be negative people and perspectives. Since we cannot hide from them, we must learn to filter out negative input to minimize "garbage" in our thoughts. The best strategy is to make a conscious effort to **get to know and spend time with people who have a positive outlook.**

"If you want to be successful, put your effort into controlling the sail, not the wind."
—Anonymous

The three sources of input listed above have the potential for a positive or negative impact on your attitude and, ultimately, your results. Take a look around you. Are you controlling your input?

Here are two powerful, yet underutilized, strategies for controlling your input:

1. **Read books and listen to audio CDs.** Did you know that the average person spends 500 hours a year in his car? Capture that time by listening to books on CD or other inspiring audio. Also, as I mentioned earlier, choose your reading content to flood your mind with positive input. Simply reading one hour a day for 2-3 years will make you an authority on a topic, while feeding your mind with positive input.

2. **Practice visualization.** Modern studies on the psychology of peak performance have found that most great athletes, surgeons, engineers and artists use visualization to perform their best.

For example, Dr. Maxwell Maltz published a visualization experiment he conducted with a basketball team. He had five team members practice shooting foul shots in the gym for several days. Five others practiced shooting only in their minds, visualizing themselves shooting free throws and making each shot. After five practice days, Maltz staged a contest between the two teams. The players who had visualized themselves making free throws did much better than those who had actually practiced making free throws. Such mental training sends neuromuscular signals that can lead to a stronger, more effective performance during the actual event.

Control your input by not only visualizing your goals, but also imagining exactly how your body feels when you achieve your goal. **Your mind does not know the difference between physical and mental**

practice. Visualization is the process that allows you to see your desired results in your mind. Once you can see it in your mind, you'll be closer to achieving it in your life.

You are what you think, so control your input!

"We become what we think about."
—Earl Nightingale

A

Orchestrating your thoughts :

T # Application
T
I

T What is your single biggest challenge or problem?

U

_____

D What are three positive things relative to this chal-
lenge?

E 1. _____

2. _____

3. _____

Considering the three positive points above, restate
your challenge as an opportunity you would want to
embrace:

_____

_____

_____

Now, start using this new description to think about your opportunity!

...

Orchestrating your Thoughts:

1. Choose your view.

2. Check your focus.

3. Control your input.

...

You are who you are today because of what you believed yesterday. You will become tomorrow who you believe you are today.

ORCHESTRATING YOUR WORDS

Whether said in love or anger, gratitude or envy, your words leave a lasting impression.

Remember the old saying, "Choose your words carefully?" This phrase is used to warn the speaker of the impact of her words on others. In reality, the greater impact is on the speaker, not the receiver. Once we have spoken or heard the words, they become programmed into our minds. **It's not what we say, but what we repeatedly say.** The words we repeat are gradually convincing our minds that these statements are true; therefore, precluding the mind's eye from seeing any possibility to prove our words wrong.

Our mind hears our words, good or bad, and then programs our brain accordingly. So, if we find ourselves consistently saying:

- I don't deserve this.
- I can't do that.
- I will never be that successful.
- I will never get the peach assignments.
- I just have bad luck.

▾I can't win unless someone else loses.

▸I will never get out of this mess.

···we will likely prove ourselves correct.

WORDS ◀━━━━━━━━ ▸ COMMITMENTS

Words reflect our commitments to act. **Our words tell the truth.** Whether we have a long conversation with a friend or simply place an order at a restaurant, every word makes a difference. The results of our interactions are rarely neutral; they are almost always positive or negative. Ask yourself, "Do my words reflect a commitment to being joyful, helping others, creating win-wins, keeping things in perspective, seizing the moment, continuously learning, embracing change?"

Words are the seeds of commitment. We plant the

seeds with each movement of our lips. Once they are spoken, our words either grow in the form of an immediate response or they take time to germinate. Whether the result becomes apparent sooner or later, we cannot speak words of failure and defeat and expect a life of success and victory.

Here are three instruments for orchestrating your words:

1. Talk yourself up!
2. Speak with strength.
3. Ask the right questions.

"One person with a commitment is worth more than 100 people who have only an interest."
—Mary Crowley

Talk Yourself Up!

Did you know that you talk more to yourself than to anyone else in the world? In the face of challenging situations (and we all have our share), the words you choose for that conversation with yourself will directly impact how long you will find yourself in those situations. **Use your words to change your situation, not to describe it.** The moment you speak something—good or bad—you give birth to it as an idea, an expectation, a desire. You have planted the seed that will, sooner or later, grow into the results you will reap.

When you're feeling somewhat down-spirited, don't tell people how you feel, tell them how you want to feel. By controlling what you say and how you say it—using positive words with enthusiasm—you help to change your physical and mental state.

I remember the year I started my own business. I jokingly refer to it as "the year I told a million lies" because I spent a lot of time talking myself up. Let me explain. Like most start-up businesses, I had my share of challenges, disappointments and adjustments. I recall many well-intended friends asking me, "Hey, Lee, how's your business coming along?" I could have described my situation by saying, "Gee, it's been a tough year. I have had to really dig into my savings to keep things going, and it's been a lot harder than I thought it would be to convert my existing business relationships into paying customers. To boot, it's a lot more work than I thought it would be."

That type of response would not only drag my friends down—and no one wants to hang around a downer for too long—it would have planted the seeds of doom for my business. Instead, I chose to use my words to change my situation. I wasn't telling a lie, I was simply "choosing my view" in response to my friends' inquiries. So, I said something like, "I feel good about my prospects and am confident that I am doing the right things that will pay off long-term. Most importantly, I am passionate about my work and that's a victory in itself." My words planted the seeds of the success that was to come.

Most people enjoy working and living with people who live and work with positive, upbeat attitudes. **Tell people how you want to feel and it won't be long before you do.** So, the next time you are feeling gloomy and a friend asks you how you are doing, talk yourself up!

Speak with Strength

The words we use are more powerful than we can imagine. There is power in the words that we use, the things that we say and the things that we do.

Most people greet each other with words that have no power or energy. Think of the last time you heard someone else (or even yourself) respond to a greeting of "How are you?" with "Oh, I am doing so-so," "Hanging in there," "I'm surviving" or "Not too bad." It probably wasn't much past yesterday.

> "Act the way you'd like to be and soon you'll be the way you act."
> —George W. Crane

Now, try this experiment. The next time anyone asks, "How are you?," whether it's someone at work or a cashier at the store, respond with strength. Give them an energetic, enthusiastic, "Great!" or "Terrific!" It will be hard to do without a smile on your face, and you are likely to get one back. Second, you will likely feel a physical response of increased energy. Third, your words will send a message to your mind that will be consistent with feeling Great!

or Terrific! To see the results, you have to do this often and with sincere enthusiasm (not robotically). When you do, your subconscious mind will begin to act on what you are saying and begin to design your reality to be consistent with your thoughts and words.

Speaking with strength also creates a sense of accountability and commitment to get the best from yourself and others. Your challenge is to consciously avoid using words that are strength killers. These words sap energy and commitment from your interactions and, ultimately, your actions. **Eliminate these words** from your vocabulary:

- I can't
- If
- Doubt
- Try
- I don't think
- I don't have the time

➤ Maybe

▲ I'm afraid of

◤ I don't believe

▶ It's impossible.

But, omitting these negative words is not enough. A sports team needs more than just a good defense to win; it also needs a strong offense. So, you must also mobilize your own offensive assault with the words you choose. **Build positive mental connections, personal strength and commitment by using these strength builders:**

◤ I can

▶ I will

◢ Expect the best

◀ Commit

◥ I know

▼ I will make the time

➤ Positively

▲ I am confident

◄ I do believe

▸ All things are possible.

The power of your actions is preceded by the power of your words. Choose to speak with strength and watch the power of your words bring out the best in yourself and others!

> "Do or do not. There is no try."
> —Yoda

Ask the Right Questions

The fastest way to change the answers you receive— from yourself and others—is to change the questions you ask. Consider the possible responses to questions like these:

- What happens if I fail at this?
- How will I deal with this problem employee?
- How can I get through this situation?
- How will I ever afford the car I want?

On the other hand, think about the responses that positive, more empowering questions will yield:

- What's the best way for me to be successful at this?
- How can I support the success of this employee?
- How can I make the most of this situation?
- What are the options I need to consider in order to buy the car I want?

In the last question about affording the car you want, asking the right question opens one's thinking to alternatives like: looking at a used model, no money down financing, increasing my savings for next 6 months to afford the down payment or looking at leases.

Asking the right question gets you better answers whether you are asking it of yourself or others. **The questions you ask will either limit or expand the possible responses you get.** Additionally, your choice of words will also dictate how involved, receptive and motivated the recipient will feel.

For example, in the heat of a month-end deadline, a sales manager might ask his lead representative, "Why are we falling short of this month's sales goal?" The representative naturally feels defensive, put on the spot and unable to respond to the supervisor's satisfaction, regardless of the reason. An alternative question could be, "What do you think we can do to ensure we meet our sales goal?" Now, the representative feels involved in the solution (vs. being accused of the problem), receptive to brainstorming alternatives and supported by the supervisor. In short, he feels motivated to meet the goal.

The power of the answers you receive is directly proportionate to the power of the questions you ask. Consider how the questions you ask, both at work and at home, elicit certain responses. Ask yourself, "How can I ask questions to get the best from myself and others?"

"It is not the answer that enlightens, but the question."
—Decouvertes

Orchestrating your words : Application

Write the five words you hear (verbally) or see (in writing) most frequently in communicating with your team, family or relationship.

1. _____

2. _____

3. _____

4. _____

5. _____

What do these five words say about your team, family or relationship?

_____

_____

_____

Which words of strength can you use to substitute for any or all of those you listed above?

1. _____

2. _____

3. _____

4. _____

5. _____

...

Orchestrating your Words:

1. Talk yourself up!

2. Speak with strength.

3. Ask the right questions.

...

"Your day goes the way the corners of your mouth turn."

—Unknown

ORCHESTRATING YOUR ACTIONS

"If you don't make things happen, then things will happen to you." —Roman Virgil

In the last chapter, we discussed how positive and powerful words create commitment for your actions. In this chapter we will address the aspect of attitude that proves your commitment to your words — your actions.

Life rewards action! But even greater rewards await those who orchestrate positive actions. For example, in 1990 while he was still relatively unknown, comedian Jim Carrey wrote a check to himself for $10 million for "acting services rendered." As Carrey later explained, it wasn't about money. He knew that if he was making that much he'd be working with the best people on the best material. As they say in Hollywood, the rest is history.

Life's rewards — loving relationships, meaningful work, financial security, time to recreate, leaving a lasting legacy — come to those who act to bring them about. Although life isn't always easy and there are plenty of excuses not to be our best, **the rewards go to those who let their actions rise above their excuses.**

Sometimes our actions get lost in our intentions. Have you ever heard someone say, "I intended to tell her how important she is to our team before she left," or "I intended to volunteer last weekend," or "I meant to vote this past election," or "I intended to keep my commitment, but ···?" Well, the truth is, **we judge ourselves by our intentions, but others judge us by our actions.**

ACTIONS ▶   ▶ RESULTS

If you have practiced the instruments for orchestrating your thoughts and words, your actions will naturally be aligned with your commitments. The result—a positive person of integrity who is getting the best from himself and others!

Now, let's move on to the three instruments for orchestrating your actions:

1. Have a need? Help someone succeed.
2. Move through adversity.
3. Stay connected.

Have a Need? Help Someone Succeed

When we have a need, we tend to worry, obsess and continually focus on that need. Maybe it's a financial need or a need for recognition, love, a new challenge or companionship. We are typically drawn inward by our needs, in hopes that we can somehow come up with a way to meet the need. However, our inward focus often turns into a spiral of despair. We can quickly find ourselves consumed with fret, worry and wallow. This is actually a self-absorbed spiral, not to mention a futile one.

So, the next time you have a need, help someone else succeed by asking the right question. Instead of asking, "What's in it for me?" ask the WIIFO question: **"What's in it for others?"** Get your mind off yourself and direct your actions toward someone else. If you find yourself feeling discouraged, visit children in the hospital or cheer up a friend who is lonely. If you are looking for a job, help someone else with their job search. **If you want to get the best from yourself, first give the best of yourself.**

Helping others not only helps you shift your focus outward but also stimulates feelings of gratitude. There is nothing like a dose of gratitude to pick us up. Most importantly, **meeting others' needs brings out our true spirit—it reflects our positive human character.**

But, here's the caveat: If you expect something in return for your help, your act of kindness is really an act of trading favors. Be a giver, not a trader.

Mike Haynes is a stellar example of someone who applied this instrument to orchestrate his actions. Mike had been an innocent bystander when a fellow college student went off the deep end and bullets went flying. Mike was hit.

He was rushed to the hospital where his heart stopped during surgery. Mike's mom remembers lying next to his hospital bed on a cot, praying more than sleeping for nights on end.

Once Mike was finally able to leave the hospital, he made a life changing decision for himself and many others. He decided to change his college major from accounting to rehabilitation so he could help others. In spite of needing much help himself, Mike soon began helping others who, like him, now rely on wheelchairs as a way of life.

> "We make a living by what we get, but we make a life by what we give."
> —Winston Churchill

Today you will find Mike at some of the most challenging triathlons. He manages open-water swims, rigorous bike courses and equally taxing runs.

He is also a nationally-ranked tennis player. More importantly, Mike's passion is working with others who are recovering from injuries and accidents, coaching wheelchair basketball teams, volleyball teams and individual sports. He also helps athletes prepare for the Paralympics. Mike had a need and now helps many others succeed.

The help you give others is an important part of the

legacy you leave. If you don't know where to start, start close to home or work. There is always someone worse off than you are. If a colleague has a Little League game he needs to attend, pick up his load so he might leave early to get to the game. If a neighbor is not feeling well, buy an extra take-out dinner portion on your way home from work. If a friend is struggling with a relationship, lend an ear. If a young, new employee is having trouble adjusting to a new company, offer to show her the ropes. **Help is not help until it is given, so turn your intentions to help into acts of help.**

Move through Adversity

Adversity is not reserved for daytime soap operas. Even the most fortunate of us has experienced adversity of some type: loss of job, health problems, failed relationships, disappointments at work, financial difficulties, death of loved ones, etc. I intentionally use the word "move" in this instrument. Since adversity has an uncanny knack of paralyzing us, it becomes critical to keep moving through it. Otherwise, we will be stalled in the grip of our adversity. Here are three specific actions to help you move through adversity.

1. **Take inventory.** When we are dealt a loss, we tend to think all is lost. Identify what is lost or changed and what is not. Then, express your gratitude for what still remains. **An attitude of gratitude creates happier, more resilient people.** In fact, more and more studies are showing that gratitude is the most common characteristic amongst the happiest people.

2. **Convert turning points into learning points.** Use your adversity as a time to pinpoint opportunities to improve, learn, grow, rebuild or test your own character or faith.

3. Plan for the future but live for the present. Don't obsess about yesterday and don't be seduced by the promise that tomorrow all will be better. My favorite poem says it best:

Yesterday is history,

Tomorrow is a mystery,

Today is a gift,

That's why we call it the Present.

Thomas Edison, the creator of over 1,000 inventions, was an optimist who saw the best in everything. His adversity serves as a perfect example of moving through adversity. First, it took Edison literally 10,000 tries to find the right materials for the incandescent light bulb, but he didn't see them as that many failures. Second, with each attempt he gained information about what didn't work, bringing him closer to a solution. Finally, Edison never doubted that he would find the right materials.

> "It's not having what you want; it's wanting what you've got."
> —Sheryl Crow

When Edison had reached his late sixties, the lab he had built in West Orange, New Jersey, was world famous. He called the 14-building complex his "Invention Factory." Its main building was massive, greater than three football fields in size. From that base of operations, he and his staff conceived hundreds of inventions, developed prototypes, manufactured products and shipped them to customers. It became a model for modern research and manufacturing.

Edison loved the place, but on a December day in 1914 his beloved lab caught fire. As he stood outside and watched it burn, he is reported to have said, "Kids, go get your mother. She'll never see another fire like this one."

Most people would have been crushed— not Edison. "I am sixty-seven," he said after the tragedy, "but not too old to make a fresh start. I've been through a lot of things like this." He rebuilt the lab and kept working for another 17 years. "I am long on ideas but short on time," he commented. "I expect to live to be only about a hundred."

Move through adversity like Edison did, and you will light your own pathway to success!

"When one door of happiness closes, another opens; but often we look so long at the closed door that we do not see the one which has opened for us."
—Helen Keller

Stay Connected

The strength of our relationships is perhaps the

greatest measure of the quality of our lives. It is also a key predictor of our sense of internal joy and contentment. **Our relationships should be the place where we act our best and give our best.** Strong relationships are built on two-way streets — they must be mutually beneficial. Each person must bring something of value. Otherwise, relationships will not endure.

There are many ways to stay connected, including professional and personal interest groups. These groups are important, but a few strong bonds play a pivotal role in staying connected and orchestrating your actions.

An excellent way to stay connected is to **build your own BEST team — Buddies who Ensure Success and Truth.** Take some time to review your life and think of people who have made a difference for you and for whom you have made a difference.

Choose wisely those you want on your team. Ensure they offer the energy, truth and positive perspective you need to orchestrate your actions. There is no better test than time when it comes to relationships, so start small and build your BEST team slowly. The key is to connect with your BEST team, individually or as a group, on a consistent basis.

Depending on the relationship, we can play the role of teacher and/or student. In either role, we all need people who will support our success. Your BEST team can help you:

- Move through adversity. They can help ensure you go through the three steps previously outlined.
- Hone your self-awareness. Depend on your team to give you truthful, constructive feedback to keep beliefs based in reality.
- Affirm that your thoughts, words and actions are aligned with your goals.

- By giving you a chance to help them. As the Proverb says, "In teaching others, we teach ourselves."
- Combat negative input you might be receiving at home or work.
- Rehearse challenging situations with friends before you have a live performance.

Your BEST team is a personal and powerful way to ensure you are staying connected and orchestrating your actions.

"When you are in a bad mental state, think of your mind as a bad neighborhood. Don't go in there alone."
—Unknown

Orchestrating your actions : Application

Identify just one need you currently have:

_____

Now, who is someone you know who has an even bigger need?

_____

What is one small helping gesture you can offer for this person?

_____

When will you do it?

_____

Finally, how do you think this will make you feel?

_____

...

Orchestrating your Actions:

1. Have a need? Help someone succeed.

2. Move through adversity.

3. Stay connected.

...

"No dream comes true until you wake up and go to work
on it."
—Unknown

THOUTS ▸ ▸ BELIEFS

WORDS ▸ ▸ COMMITMENTS

ACTIONS ▸ ▸ RESULTS

A FINAL NOTE

A life filled with positive attitude is also filled with positive impact.

Orchestrate your attitude to get the best from yourself and others!

To orchestrate your ⋯	practice these instruments ⋯
Thoughts	Choose your view. Check your focus. Control your input
Words	Talk yourself up! Speak with strength. Ask the right questions.
Actions	Have a need? Help someone succeed. Move through adversity. Stay connected.

You cannot always control your feelings,
but you can control your thoughts, words and actions.

The Power of One

Getting the best from yourself and others all starts with **One Thought, One Word. One Action.**

"One" is the first note in orchestrating your attitude. Contrary to the lyrics from a classic rock song, one is not the loneliest number. It's the most important one!

Your thoughts, words and actions are like individual notes that work in concert to create the power of one person — YOU — to make a difference. You can harness your power of one if you simply:

- Catch one negative thought and turn it into a positive one.
- Think of one thing for which you are grateful at the beginning of each day.
- Say one "Fantastic!" when a friend asks how you are doing.

◀ Assume the best in one upcoming situation.

◥ Keep on moving when you experience adversity.

▼ Help a friend or colleague during a time when you
need help.

Many people used to feel that one vote in an
election couldn't really make a difference. Well,
recent Presidential elections that have been decided
by razor thin margins have proven them wrong. A
single act does make a difference⋯ it creates a ripple
effect that can be felt many miles and people away.

Susan Komen's life provides a current-day example
of the power of one. When Susan was diagnosed with
breast cancer in 1978, little was known about the
disease, and it was rarely discussed in public. Before
her death at age 36, Susan asked her sister Nancy to
do everything she could to bring an end to breast
cancer. Although Nancy wasn't sure that she alone
could accomplish this goal, she kept her promise. In

1982, Nancy established the Susan G. Komen Breast Cancer Foundation with $200 and a shoebox full of names.

In 1983, the first Susan G. Komen "Race for the Cure" was held. It attracted 800 runners and raised several hundred thousand dollars. In 2003, the 20th anniversary of the race, 112 races were held across the U.S. and two were held internationally, attracting thousands of volunteers. More than 1.5 million runners participated, raising $88 million for breast cancer research, education, screening and treatment.

Since its tentative beginnings, the Komen Foundation has raised hundreds of millions of dollars to eradicate breast cancer and has become the worldwide leader in the fight against this disease. All this good for the world started with one request to one person who took one action.

All great things start as one small thing.

Life is your Performance

There are no dress rehearsals for the performance we call life. **We get one chance to perform our life's symphony.** No one delivers a perfect performance. We can all expect to miss a note or two, but we should all strive to learn, grow and improve. Being our best is more about the journey than the destination.

There are plenty of critics in the world, but don't let them stop you from delivering a performance that makes a difference. Remember, you are the conductor of your own attitude.

Did you know that the bumblebee should not be able to fly? Based on its size, weight and shape of its body in relationship to the total wing span, a flying bumblebee is scientifically impossible. The bumblebee, being ignorant of scientific input, goes ahead and flies anyway and makes honey everyday. Ignore the sting of negative input and thoughts and replace them with positive ones. If you do, you will be able to achieve things that no one else thinks is possible!

Play the first note in your symphony today! Start orchestrating a more positive, powerful attitude. Attitudes don't change overnight, and they certainly don't change by accident. It's your choice. So, practice your instruments and you can be the one to:

- Expand your team's creative problem solving.
- Build a more trusting relationship.
- Enhance your household earnings.
- Overcome a fear.
- Create a defining moment for a needy youngster.
- Make your community safer.

⬏ Build the confidence of a struggling team member.

For the first seven years of her life, Helen Keller was locked in a world of blindness and deafness where there was little human interaction. With the help of her own BEST team, including her teacher, Anne Sullivan, she found a way out of her silent existence and into the real world. Like the bumblebee, Helen became ignorant of her sensory limitations and eventually graduated from college. She went on to become an author, a highly sought-after speaker as well as a respected and powerful advocate for the blind and deaf around the world.

That's a life performance filled with positive attitude and positive impact— the kind we all want. One note at a time, one instrument at a time— orchestrate your attitude and you will get the best from yourself and others!

"Nothing can stop the man with the right mental attitude from achieving his goal;
nothing on earth can help the man with the wrong mental attitude."
—Thomas Jefferson

지은이

리 J. 콜란 Lee J. Colan

저자는 기업의 고문관이자 연설가로 활발한 활동을 하고 있다. 20년간 직접 기업을 경영하고 컨설팅한 경험이 있으며, 조지 워싱턴George Washington 대학에서 산업/조직 심리학분야의 박사학위를 받았다. 그의 열정적이고 에너지 넘치는 강연과 프레젠테이션은 청중들을 사로잡는 것으로 유명하다. 또한 누구나 당장 업무에 사용할 수 있는 실용적이고 강력한 도구를 전달해 준다고 정평이 나 있다.

http://www.theLgroup.com

옮긴이

송경근

한국 기업에 맞는 경영전략(비전, 핵심역량) 수립과 경영혁신, 지식경영, 통합경영성과지표, 고객관계관리(CRM), 정보시스템(ERP) 구축 등 기업 컨설팅 프로젝트를 전문적으로 수행하는 하나컨설팅그룹의 대표다. 한국능률협회, (주)제일기획 경영자문위원, (주)금강기획 경영혁신 자문위원을 역임했으며, 현재 서울중앙병원(미션, 비전, BSC), (주)화천기계의 고문으로 활동하고 있다.

역서로는 《주식회사 예수》,《기적의 사명선언문》,《먼데이 모닝 커뮤니케이션 8일간의 기적》,《로열티 레슨, 홀리고 사로잡고 열광한다》 등 다수가 있다.

한언의 사명선언문

Our Mission ─•우리는 새로운 지식을 창출, 전파하여 전 인류가 이를 공유케
함으로써 인류문화의 발전과 행복에 이바지한다.

─•우리는 끊임없이 학습하는 조직으로서 자신과 조직의 발전
을 위해 쉼없이 노력하며, 궁극적으로는 세계적 컨텐츠 그룹
을 지향한다.

─•우리는 정신적, 물질적으로 최고 수준의 복지를 실현하기 위
해 노력하며, 명실공히 초일류 사원들의 집합체로서 부끄럼없
이 행동한다.

Our Vision 　한언은 컨텐츠 기업의 선도적 성공모델이 된다.

저희 한언인들은 위와 같은 사명을 항상 가슴 속에 간직하고
좋은 책을 만들기 위해 최선을 다하고 있습니다.
독자 여러분의 아낌없는 충고와 격려를 부탁드립니다.
• 한언 가족 •

HanEon´s Mission statement

Our Mission ─• We create and broadcast new knowledge for the
advancement and happiness of the whole human
race.

─• We do our best to improve ourselves and the
organization, with the ultimate goal of striving to
be the best content group in the world.

─• We try to realize the highest quality of welfare
system in both mental and physical ways and we
behave in a manner that reflects our mission as
proud members of HanEon Community.

Our Vision 　HanEon will be the leading Success Model of the
content group.